平成の死

追悼は生きる糧

宝泉薫

KKベストセラーズ

平成の死

追悼は生きる糧

まえがき——人は死で時代を感じ、自分と出会う

この本を手にとったあなたは、人一倍、死に関心があるはずだ。そんな本を作った自分は、なおさらである。ではなぜ、死に関心があるかといえば、自分の場合はまず、死によって見えてくるものがあるということが大きい。たとえば、人は誰かの死によって時代を感じる。有名人であれ、身近な人であれ、その死から世の中や自分自身のうつろいを見てとるわけだ。

これが誰かの誕生だとそうもいかない。人が知ることができる誕生はせいぜい、皇族のような超有名人やごく身近な人の子供に限られるからだ。また、そういう人たちがこれから何をなすかもわからない。それよりは、すでに何かをなした人の死のほうが、より多くの時代の風景を見せてくれるのである。

したがって、平成という時代を見たいなら、その時代の死を見つめればいい、と考えた。大活躍した有名人だったり、大騒ぎになった事件だったり。その死を振り返ることで、平成という時代が何だったのか、その本質が浮き彫りにできるはずなのだ。

そして、もうひとつ、死そのものを知りたいというのもある。死が怖かったり、逆に憧れたりするのも、死がよくわからないからでもあるだろう。ただ、人は自分の死を認識することはでき

ず、誰かの死から想像するしかない。それがじつは、人が死を経験するということだ。

さらにいえば、誰かの死を思うことは自分の生き方をも変える。その人の分まで生きようと決意したり、自分も早く逝きたくなってしまったり、その病気や災害の実態に接して予防策を考えたり。いずれにせよ、死を意識することで、覚悟や準備ができる。死は生のゴールでもあるから、自分が本当はどう生きたいのかという発見にもつながるだろう。それはかけがえのない「糧」ともなるにちがいない。

また、死を思うことで死者との「再会」もできる。在りし日が懐かしく甦ったり、新たな魅力を発見したり。死は終わりではなく、思うことで死者も生き続ける。この本は、そんな愉しさにもあふれているはずだ。それをぜひ、ともに味わってほしい。

死とは何か、平成とは何だったのか。そして、自分とは――。それを探るための旅が、ここから始まる。

目次

まえがき――人は死で時代を感じ、自分と出会う――2

第一章 昭和の残照

次代まで続いた永く重いときの余韻――15

平成は女王と神様の死で始まった――16
●美空ひばり（元年・52歳）●手塚治虫（元年・60歳）

骨董品になった今太閤――24
●田中角栄（5年・75歳）

豪放と無頼のたそがれ――28
●横山やすし（8年・51歳）●勝新太郎（9年・65歳）

寅さんと田所康雄のあいだで――35
●渥美清（8年・68歳）
ラジオ・映画・テレビ黄金期の主役たち――昭和の終わりを告げたもの――39
●淀川長治（10年・89歳）●笹川良一（7年・96歳）
●横井庄一（9年・82歳）●神永昭夫（5年・56歳）
●須田開代子（7年・57歳）●藤子・F・不二雄（8年・62歳）
●香淳皇后（12年・97歳）

第二章　ガンとの戦死
昭和はあきらめる病、平成は闘う病に――47
ガン告白という仕事――48
●逸見政孝（5年・48歳）
私物化されたヒーローの死――56
●松田優作（元年・40歳）
血液のガンと平成の佳人薄命――60
●本田美奈子（17年・38歳）●村上幸子（2年・31歳）

貴種流離譚に選ばれたヒロイン――65
●小林麻央（29年・34歳）●黒木奈々（27年・32歳）

天才は夭折する――70
●村山聖（10年・29歳）●森千夏（18年・26歳）

人はなぜガンになるのか――75
●出門英（元年・47歳）●今敏（22年・46歳）
●永沢光雄（18年・47歳）●アラン・ブース（4年・46歳）
●杉村太郎（23年・47歳）

医学とガンと幸せと――83
●川島なお美（27年・54歳）●筑紫哲也（20年・73歳）
●眉村卓の妻（14年・67歳）●中村勘三郎（24年・57歳）
●野際陽子（29年・81歳）●渡瀬恒彦（29年・72歳）
●菅原文太（26年・81歳）●今井雅之（27年・54歳）
●木村修一（18年・55歳）●三笠宮寛仁（24年・66歳）
●安崎暁（30年・81歳）●田中好子（23年・55歳）

第三章

自らを殺すという生き方——97

人類最後の難病か

強い自分を守る選択——98
●伊丹十三（9年・64歳）●江藤淳（11年・66歳）

平成のユッコたち——102
●上原美優（23年・24歳）●AYA（22年・30歳）
●甲斐智枝美（18年・43歳）●松本友里子（22年・42歳）
●清水由貴子（21年・49歳）●大本萌景（30年・16歳）
●南条あや（11年・18歳）

魔性はいざなう——111
●川田亜子（20年・29歳）●可愛かずみ（9年・32歳）
●河合義隆（2年・43歳）●古尾谷雅人（15年・45歳）
●TENN（26年・35歳）

日韓に見る自殺遺伝子——119
●沖田浩之（11年・36歳）●戸川京子（14年・37歳）
●パク・ヨンハ（22年・32歳）●趙成珉（25年・39歳）

第四章

変死と急死、突然と偶然と必然と――127

人間の限界、本能の病としての拒食とエイズ——154
●アイルトン・セナ（6年・34歳）●フローレンス・ジョイナー（10年・38歳）
●マッスル北村（12年・39歳）●イザベル・カロ（22年・28歳）
●フレディ・マーキュリー（3年・45歳）

第五章 死で振り返る平成事件史——163

エロスと暴力の果て その1——164
●女子高生コンクリート詰め殺人（昭和63年〜元年）●幼女連続殺人（昭和63年〜元年）
神戸校門圧死（2年）森安九段刺殺（5年）

乱世としての平成ひとケタ——170
●天安門（元年）●ベルリンの壁崩壊（元年）
●湾岸戦争（3年）●『悪魔の詩』訳者殺人（3年）
●坂本弁護士一家殺害（元年）●松本サリン（6年）
●地下鉄サリン（7年）●村井秀夫刺殺（7年）
●景山民夫死亡（10年）●福島悪魔払い殺人（7年）

通り魔殺人　他殺性と自殺性――179
●神戸連続児童殺傷（9年）　●光市母子殺害（11年）
●西尾市ストーカー殺人（11年）　●豊川市主婦殺人（12年）
●西鉄バスジャック（12年）　●レッサーパンダ帽男殺人（13年）
●附属池田小（13年）　●秋葉原通り魔（20年）
●土浦連続殺傷（20年）　●新幹線のぞみ通り魔（30年）

天災と人災、そして自己責任――191
●阪神大震災（7年）　●東日本大震災（23年）
●吉田昌郎病死（25年）　●歌舞伎町ビル火災（13年）
●JR西日本脱線（17年）　●軽井沢スキーバス転落（28年）
●文民警察官カンボジアで殉職（5年）　●後藤健二イスラム国で殺害（27年）

事件のかげに自殺あり～現代の切腹――203
●リクルート（元年）　ノーパンしゃぶしゃぶ（10年）
●野村秋介（5年）　●新井将敬（10年）
●松岡利勝（19年）　●永田寿康（21年）
●一級建築士の妻（18年）　●三輪田勝利（10年）
●尼崎連続変死主犯（24年）　●笹井芳樹（26年）
●森友問題（30年）

栄光の裏側に潜むもの――212
●西川和孝（11年）●押尾学（21年）
●速見けんたろう（23年）●ダイアナ元妃（9年）
●テレサ・テン（7年）●小渕恵三（12年）
●森嘉朗の息子（23年）
妄想と虐待といじめと――222
●奈良女児殺害（16年）●広島女児虐待死（17年）
●千葉ベトナム女児殺害（29年）●目黒女児虐待死（30年）
●秋田児童連続殺害（18年）●愛知中学生いじめ自殺（6年）
●川崎市中1男子惨殺（27年）●時津風部屋新弟子暴行死（19年）
●電通ＯＬ自殺（27年）●水上警察隊女性船長自殺（12年）
エロスと暴力の果て その2――234
●桶川ストーカー殺人（11年）●市川市英国女性殺人（19年）
●福田和子逮捕（9年）●東電ＯＬ殺人（9年）
●連続不審死同時多発（21年）●本庄保険金殺人（11年）
医療と福祉と人間の業――243
●安部英逮捕（8年）●割り箸死亡（11年）
●ドクター・キリコ（10年）●自殺サイト殺人（17年）

●座間9遺体（29年）●筋弛緩剤（12年）
●大口病院（28年）●バイアグラ死（10年）
●百歳老人行方不明（22年）●相模原障害者施設殺傷（28年）
●ベトちゃん死亡（19年）●クローン羊ドリー死亡（15年）

第六章 平成的人気者のブレイクと退場

第六章 平成的人気者のブレイクと退場――255
孤独死する美女――256
●山口美江（24年・51歳）●大原麗子（21年・62歳）
うれしかなしきご長寿時代――261
●成田きん（12年・107歳）●蟹江ぎん（13年・108歳）
●柴田トヨ（25年・101歳）●日野原重明（25年・105歳）
●安藤百福（19年・96歳）
高齢化に逆行する短命の美学――268
●剣晃（10年・30歳）●北天佑（18年・45歳）
●蔵間（7年・42歳）●高見海（6年・28歳）

歌姫受難、その家族の複雑な事情——276
●安室奈美恵の母（11年・48歳）●後藤真希の母（22年・55歳）
●藤圭子（25年・62歳）

生まれ変わった名優たち——283
●児玉清（23年・77歳）●地井武男（24年・70歳）
●阿藤快（27年・69歳）

ブームとカリスマ 女性編——288
●中尊寺ゆつこ（17年・42歳）●中島梓（21年・56歳）
●杉浦日向子（17年・46歳）●鈴木その子（12年・68歳）

ブームとカリスマ 男性編——296
●スティーブ・ジョブズ（23年・56歳）●米澤嘉博（18年・53歳）
●青木雄二（15年・58歳）●金子哲雄（24年・41歳）

毒舌の代償——301
●ナンシー関（14年・39歳）

サブカルとメンヘラと自殺のトライアングル——305
●青山正明（13年・40歳）●ねこぢる（10年・31歳）

第一章

昭和の残照

次代まで続いた永く重いときの余韻

平成は女王と神様の死で始まった

●美空ひばり（元年・52歳）　●手塚治虫（元年・60歳）

新時代の幕開けとなった平成元年には、象徴的な死が相次いだ。

なかでも大きな衝撃をもたらしたのが、美空ひばりだ。昭和の戦後復興をその歌声で伴奏し、その後も根強い人気を誇っていた「歌謡界の女王」の死は、多くのファンに惜しまれるとともに、ひとつの時代の終わりを感じさせた。

いや、彼女自身もまた、元号が替わったことで何かを予感していたふしがある。死後に出版された自伝『川の流れのように』にはこんな文章が。

「昭和のひばりは、強かった！　けれども平成になり、ひばりの運の強さは逃げてしまったのかもしれない。生れた場所でひばりは消えるか？……　再び平成も歌声を皆さんに聞かせることが出来るか？　これは神様にもわからないでしょう……」

彼女がそう考えたのも無理はなく、その体調不良は深刻だった。昭和62年4月、緊急入院した際、病名は特発性大腿骨頭壊死症に慢性肝炎と公表されたが、じつはすでに肝硬変もきたしており、翌年4月、東京ドームでの公演で大々的に復活したときも、納得のいかない出来にむしろ自信を喪失。それでもコンサートやレコーディングを必死にこなし続け、10月には『笑っていいとも！』に生出演した。

が、翌年2月、ツアー先で倒れ、平成最初の大仕事として予定されていた4月の横浜アリーナでのこけら落とし公演をはじめ、すべての仕事をキャンセル。新たに突発性間質性肺炎を発症しており、親友の中村メイコに「苦しくて息が続かないのよ」と電話で告白するまでになっていた。

また、昭和の終盤、彼女は家族や友人を次々と亡くしていた。弟のかとう哲也と香山武彦（ともに享年42）仲のよかった江利チエミ（享年45）大川橋蔵（享年55）鶴田浩二（享年62）石原裕次郎（享年52）……。自分もそろそろと感じても不思議はない。

そんななか、本人は懸命に再起を目指したが、病勢は進み、6月13日、呼吸補助装置をつける

ひばりは3度しかテレビで歌えなかった。にもかかわらず、平成元年の日本レコード大賞では有力候補となり、故人が史上初の受賞かと話題に。

ために喉を切開することを承諾。この時点で「歌手・美空ひばり」は事実上の死を迎えた。子供のころ両親に「歌わせてくれないのなら、死ぬ！」とまで言った本人にすれば、苦渋の選択だっただろう。それを決意させたのは「人間・加藤和枝（本名）」としての養子・加藤和也（哲也の子）への想いだった。

「早く元気になって和也と楽しい人生を送り度いと夢見て居ます。（略）ママは、今度こそなやみを引きずって死にたいなんて思わずに、生きる事に向って進みます」

5月の母の日、プレゼントへの感謝の手紙にそう綴ったひばり。しかし、その最後の願いはかなわず、6月24日、52年の生涯を閉じることになる。

ちなみに、この享年はなかなか興味深い。というのも、国民的歌姫と呼ばれるような人はエディット・ピアフの47歳やマリア・カラスの53歳など、これくらいで亡くなることが多いからだ。あるいは「姫」ではないが、マイケル・ジャクソンも50歳で死去。まして、ひばりは8歳で初舞台を踏み、43年間にわたって歌い続けた。ある意味、そういう選ばれた人としての天寿は全うしたといえるのかもしれない。

栄光につつまれた分、常人にはわからない苦悩も味わい、不健康な生活も強いられがちだから、長生きするほうが難しいのだろう。

「癌の宣告を受けた患者が、何一つやれないままに死んで行くのはばかげている」

——手塚治虫

さて、ひばりに先駆けること4ヶ月、やはり超人的活動で知られた天才が世を去った。手塚治虫だ。

こちらも戦後すぐに世に出て、マンガとアニメの興隆に多大な貢献をした。画力やストーリーテリングの才能に加え、気力体力ともケタはずれで、同世代の漫画家・加藤芳郎は弔辞において「十人分以上の」仕事をしたと語っている。

トレードマークのベレー帽は、先輩の横山隆一をまねたもの。横山は長命で、手塚の12年後に亡くなった(享年92)。

アシスタントを務めた経験のある漫画家・石坂啓によると、その活動ぶりはこんな感じだ。

「当時、雑誌の連載を四本持っていて、他にアニメがあった。二、三本並行するなんて当たり前でした。時間に余裕などないはずなのに、映画も見に行っているし、海外にも出かける。パーティにもよく出席されていましたね」

娘の手塚るみ子もこう回想している。

「家族が杉並区井荻の家に移ると、父は高田馬場にある仕事部屋にこもりきりとなり、週に一度の帰宅があたりまえになりました。（略）それでも、大きな観光バスを借り切って、親類を含めて十人の家族旅行に出かけたり、仕事の合間を縫って私がクラリネットを吹く音楽発表会に駆けつけたりしてくれました」

しかし、長年の無理がたたってか、昭和63年3月に入院。本人には胃潰瘍と告げられたが、現実は胃ガンだった。手術後、退院して仕事を続けたものの、11月、中国でのアニメイベントから帰国してそのまま再入院。元号が替わってほぼ1ヶ月後の2月9日、60歳で亡くなった。

それでも、最期まであきらめることはなく、昏睡状態の中でナースが手をとり「ああ、この手であんなにたくさんの漫画を描かれたんですねぇ」と言うと、突然目を開け「縁起でもないことをいうな！」と怒ったというエピソードもある。

また、病床でも新作の着想に励み、日記の最後のページにはこんなメモが記されていた。

「一九八九年一月十五日　今日すばらしいアイデアを思いついた！　トイレのピエタというのはどうだろう。癌の宣告を受けた患者が、何一つやれないままに死んで行くのはばかげていると、入院先のトイレに天井画を描き出すのだ。（略）」

ここで注目すべきは、本人が自らの真の病名を知っていたかどうかだ。このメモを見る限り、さらには、大阪大学の医学部に学び、医師免許も持っていたことを思えば、何か気づいていたとしても不思議はない。

そう、手塚作品は一流のアカデミックな教養に裏打ちされたものでもあった。だからこそ、彼を祖とする日本のマンガやアニメはこれほどの発展を遂げたのだろう。前出の石坂はこんな話を紹介している。

「外国の人が、日本人の大人が漫画を読む姿に〝？〟を投げかけていることを取り上げた社説に、名文がありました。〝彼らの国には手塚治虫がいなかったから〟」

そして、

「手塚先生の漫画は芸術で哲学なのに楽しませてくれる。先生が描く未来をもっと見てみたかったです」

と言うのだが……。別の見方も成立しなくはない。手塚の死が作り手の世代交代を早め、平成的なマンガやアニメの世界を一気に開花させたのでは、ということだ。

たとえば、宮崎駿は予算や時間を軽視する手塚アニメの手法に懐疑的で、それゆえに手間ひまかけた長編作りにこだわった。そういう新たな機運を巨匠の退場が後押しして、ジブリアニメの大躍進につながったという可能性も大いに考えられるわけだ。

「でも私が死ぬときに流れる曲のような気がするの」——美空ひばり

ここで、ひばりの話に戻ろう。こちらの死も後世にさまざまな影響を与えたが、見逃せないのが秋元康との関わりだ。

元号が替わって4日目にリリースされた『川の流れのように』。そのきっかけは、秋元が持ちかけたアルバムの企画書だった。彼がすべての詞を書き、若手の作曲家数名が曲をつけるという趣向は、若者に自分の歌を聴いてもらいたいという彼女の希望に一致し、そこからこの作品が誕生する。

これを彼女がいたく気に入り、内定していた他の候補曲を押しのけるかたちでシングル化が決定。その理由を彼女は親友の中村メイコに、こう説明している。

「この曲はすごくいいと思ってるの。でも私が死ぬときに流れる曲のような気がするの」

この予感は的中し、7月に行なわれた葬儀では歌手仲間たちが歌って見送った。そうした経緯もあって、人気に火がつき、大ヒット。やがて、国民的名曲と呼ばれるようになっていく。

もちろん、ひばりも秋元もそこまでの展開は予想もしていなかっただろう。ただ、この奇跡的な巡り合わせは秋元をもさらなる高みに押し上げた。それまでもっぱら、おニャン子クラブのアイドルソングやとんねるずのコミックソングで有名だった男がいきなり王道的な大作詞家というイメージを獲得したのだ。

個人的な話をすれば、ほんの数年前『よい子の歌謡曲』の取材で秋元に会っていた（おそらく彼にとって初めての本格的インタビューだったと思われる）。ほぼ同世代で、身近に感じていた者として、この急展開にはいささかあっけにとられたものだ。むろん「作詞家である以上、日本で一番上手い歌手と組んでみたかった」として企画書を書き、絶妙なタイミングでこれぞという詞を提供した勝負カンと才能には感服するほかないが、同時に芸能というものの不思議さも思い知らされた。

ついでにもうひとつ、個人的なことを言うと、当時『週刊時事』に寄せた追悼文のなかで、ひばりこそ「最初のアイドル」だったという話を書いた。ステージママの存在、出席不足を芸能人学校でごまかす工夫、映画とのメディアミックス、三人娘というセット売り、権威的な玄人筋からのバッシング……。無類のアイドル好きである秋元もまた、彼女のそういう本質を見抜いていたのかもしれない。

なお、ひばりの幕引きでハクをつけた秋元はその後、Jポップ全盛期にあっても数少ない職業作詞家として生き残り、ここ数年はアイドルグループ・AKB48などの成功により、プロデューサーとして無双状態にある。昭和と平成のアイドルをつなげた功績はもっと評価されていいだろう。

思えば、マンガやアニメ、そしてアイドルは、平成文化を代表するキラーコンテンツだ。その礎を築いた巨人ふたりが元年に亡くなり、後進にバトンタッチしていた事実はやはり注目に値する。

最後に『週刊時事』で書いた一節を、ここではひばりと手塚、両者に捧げたい。

「天才は心にくいほど自分の去りぎわを知っているもののようだ。それは神秘的ですらある」

平成という時代は、女王と神様の死で始まった。

骨董品になった今太閤

●田中角栄（5年・75歳）

政治の世界にも、その死によって時代の終わりを感じさせた人がいる。平成5年に、75歳で亡くなった田中角栄だ。

戦後の政界において、異例ともいうべきスピード出世を遂げ「今太閤」とまで呼ばれたこの男は、貧農の出で、小学校卒でありながら、才知とカネと人気でもって首相にまで登りつめた。得意分野は土木で、上越新幹線の実現はもとより、土地まで投機の対象にすることで生まれたバブル景気も彼なくしてはもっとおとなしいものになっていただろう。

しかし、晩年にはかつての力を失っていた。昭和60年2月、竹下登が造反して自らのグループを設立。これが痛手となったのか、20日後に脳梗塞を発症してしまう。その後、本格的な回復にはいたらず、2年後、自民党の最大派閥として隆盛を誇った田中派は分裂した。

この背景には、総理の椅子をめぐる思惑のズレがあったとされる。昭和49年に金脈問題でその座を退いたあと、51年にはロッキード事件で逮捕され、その裁判を継続しながらもなおキングメーカーとして君臨した角栄は、自派閥からの総裁選出馬を認めなかった。無罪が確定したら、自分が返り咲くつもりだったからだ。

こういう状況に竹下はしびれをきらしたわけで、このクーデターと発病により、角栄は過去の人となった。

とはいえ、昭和61年の衆院選では、演説も握手もできない状態ながら、新潟3区でトップ当選。

平成元年12月、政界引退を表明して初の里帰りをした角栄。地元の大歓迎に、涙を見せた。

任期中一度も国会に登院しないまま、平成2年まで国会議員であり続けた。

その長短所について、同年生まれで代議士デビューも同期だった中曽根康弘がこんな発言をしている。

「田中君に敵わなかったのは集金力と子分を作る力だ。ありとあらゆる場所にまで気を配るパワーは他のどんな政治家にも真似できなかっただろう。だが逆に、そのありあまるパワーをコントロールできず、欠点になることもあったように思う。（略）たしかに弁は立つし、話術には長けていた。演説には迫力もあった。しかし、人を言葉で説得するところまでには行っていなかった。言葉で説得するまえに、モノで事を解決してしまうタイプだった。選挙区への利益誘導だ、どこそこへの応援だ、という行動によって問題を解決してしまうところがあった」

さすがに鋭い指摘だが、この「子分を作る力」が改めてクローズアップされたのが、平成5年夏の衆院選だ。日本新党を中心とする連立政権が誕生し、自民党が野に下った歴史的な節目である。

それを成し遂げたのが、小沢一郎と細川護熙だった。角栄の夭折した長男と生年月が同じだった小沢は、誰よりも寵愛された「一番弟子」だし、清和源氏の血をひく細川は角栄の高貴趣味とでもいうものにうまくハマって、若いころに目をかけられた。

ではこのとき、角栄が何をしていたかというと――。

新潟3区で立候補した長女・田中眞紀子の応援で、久々に公的な活動をした。もちろん、往年の雄姿とは違っていたが、眞紀子はそこを逆手にとり、

「東京から骨董品を連れてまいりました」

と、絶妙に茶化し、票に結びつけたのだ。ただ、テレビに映し出されたその表情は昭和の流行語でいう「恍惚の人」ならではで、歴史の皮肉というものも感じさせた。

というのも、日本のテレビ局の多くは角栄が郵政大臣時代に認可したものだからだ。彼はそこで培った人脈やノウハウを巧みに活用してきた。また、大蔵大臣時代にはトーク番組も持ったし「まぁ、このぉ〜」という口癖はさかんにモノマネされた。いわば、テレビウケする最初の政治家でもあったわけだ。

あだ名もさまざまで「今太閤」以外にも「コンピューターつきブルドーザー」「目白の闇将軍」といったものが。それが「骨董品」となり、やがてこの世からも消えることになる。

「もう日本では、どの分野でもオヤジのような指導者は生まれないだろう」

――秘書・早坂茂三

娘の当選に安心したのか、選挙から5ヶ月後に死去。将来、大河ドラマの主役になりそうな一代の英雄について、長年秘書を務めた早坂茂三はこう言う。

「人間は上等な生き物じゃない。欲が深くてケチで助平で、自分だけよければいいというやつばっかりだ。政治家なら名を上げ、権力を握りたい。覇権を求める派閥のボスは、兵にカネを配り、ポストを与え、忠誠を誓わせる。日本の組織はどこも同じ。その現実をまっすぐに見つめてきたのが田中角栄なんだよ。（略）もう日本では、どの分野でもオヤジのような指導者は生まれないだろう。建前と偽善に満ち、正義の小さな小旗を振るマスコミのおかげで、トップはお行儀がよく、見てくれだけの小物になった」

世界を相手に戦争を挑み、敗北後もしたたかにたくましく復興を遂げて経済大国にのしあがった昭和の日本。一方、平成ではそこまでのエネルギーは必要でなくなり、早坂の言うようなタイプの指導者も用済みとなっていく。

田中角栄の死、それは昭和的なるものの死でもあった。

豪放と無頼のたそがれ

●横山やすし（8年・51歳）●勝新太郎（9年・65歳）

昭和的なるものの死、それを感じさせる訃報は芸能界でも続いた。ある意味、角栄やひばり、手塚以上に、象徴的だったのが横山やすしと勝新太郎の晩年だろう。奇しくも昭和が終わろうとするとき、ふたりの身の上には悲劇が起きた。ともに、その栄光の翳りを予感させる痛ましい出来事だ。

まずは昭和63年11月、やすしの息子で俳優の木村一八がタクシー運転手に暴行。「こいつが死んだら俺がムショに行ったらええんやろ」などと暴言を吐きながら、重傷を負わせ、少年院送致となった。やすし自身、過去に不祥事を重ねていたこともあって、息子とともに活動を休止。平成という新たな時代を謹慎の身で迎えることとなる。

一方、勝新はといえば、12月、自ら監督・脚本・主演を務める『座頭市』の撮影中、この映画がデビュー作となる息子・奥村雄大（現・鴈龍）が殺陣師の加藤幸雄を死なせてしまう事故が起きた。スタッフが迫力を出そうと真剣を渡し、それを知らずに使ってしまったことが原因だ。

映画は無事公開され、平成元年のヒット作のひとつとなったものの、トラブルメーカーとしては勝新とて昭和からの常連だ。翌年1月、ハワイの空港で麻薬所持の現行犯により逮捕。パンツ

面白いが、聞き取りにくくもあった勝新節。最近も『徹子の部屋』で玉緒と小堺一機がそれをネタにしていた。

のなかに隠していたのを見つかってしまった。折りしも、キリンビールが社運をかけて制作した主演ＣＭが始まったばかりだったが、わずか一日で打ち切りとなる。

それでも、本人は会見で「もうパンツははかない」と冗談を言ったり、裁判中、妻の中村玉緒に「今日の入りはどうかい」と傍聴人を観客に見立てるなど、悪びれるところはなかった。取調べ中も、今後の仕事に活かすべく本物の刑事の観察に夢中だったという。

映画評論家の白井佳夫によれば、これは彼一流の美学によるもの。たとえば、大島渚の姿勢について、こんな思いを抱いていたらしい。

「大島監督は、反常識、反通俗の映画を撮っているのに、実人生は世の中のルール通りに生きている。それはおかしい。芸術、芸能者というものは、それが一直線につながっていなければ、いいものができるわけがない、というわけです」

この是非はともかく、平成の芸能界では受け入れられにくい美学ではある。それゆえ、彼は不本意な晩年をすごすしかなかった。

「冷蔵庫は毎日使うもんや。イヤでもワシのことを忘れんやろ」
――横山やすし

それでも、勝新くらい開き直れたら、やすしも楽だっただろう。平成元年3月、息子の事件による謹慎から復帰し、相方の西川きよしが司会をする番組に出演したりしたものの……。翌月、飲酒運転による人身事故を起こし、吉本興業から契約を解除された。じつはすでにイエローカード状態だったという。

当然、キーボーこときよしと漫才をすることはできず、平成4年には映画『魚からダイオキシン!!』に出演。役者に活路を見いだすかと思いきや、同年7月の参議院選挙に野村秋介率いる右翼団体「風の会」から出馬した。きよしや師匠の横山ノックみたいに政界進出を本気で狙ったのかどうかはわからない。結果、落選しただけではなく、翌月には謎の暴行事件に遭って重傷を負ってしまう。

そのケガからはなんとか回復したものの、この選挙が最後のやっさんらしさだったかもしれない。生活はすさみ、酒びたりの日々。ギャンブルをしようにも、競艇場の掃除のおばさんに千円、

平成30年、父親絡みの企画で一八が15年ぶりにテレビ出演。白髪がまじり、眼鏡をかけた姿は、この時期のやすしに雰囲気が近づいていた。

二千円を借りる始末だった。祭りなどのイベントに呼ばれ、その映像がテレビで紹介されることもあったが、その姿は老衰間近の年寄りのように痩せ衰え、見る者を愕然とさせたものだ。

平成8年1月、肝硬変により51歳で死去。その瞬間から、メディアも芸能界も、掌を返すように彼を惜しみ、賞賛し始めた。それまでの数年間、過去の人として疫病神のように忌避していたにもかかわらず、である。しかし、そんななか、最後まで芸人としてのやすしに戦いを挑んでいた男がいる。ダウンタウンの松本人志だ。

その戦いがどういうものだったか、当時『噂の真相』に書いた拙文があるので、一部引用してみよう。

「何故、コント『やすしくん』を自粛したのか。彼のやっさんへの感情は愛憎なかばするアンビバレントなものであり、その屈折は若い頃『テレビ演芸』で司会のやっさんに漫才を罵倒されたことに始まる。鼻っ柱を折られた新鋭が大家を敵視するのは当然。『やすしくん』は彼なりの決着だろうし、見事な横山やすし論ともなっていた(今も漫才師らしいスーツ姿にこだわる彼が『やすしくん』に「あとはキーボーいればいい」と叫ばせた真意は深い)。死期と重なった(死亡当日にも放映された)のも、似た者同士のシンクロニシティだろう」

この「やすしくん」というのは『ごっつええ感じ』でやっていた、やすしをモデルにしたパロディコントだ。やすしの死により批判の声が強まり、中止となったが、松本はかつて自分たちの漫才を「チンピラの立ち話」だとやすしに否定されたことによる屈折をネタに昇華させることで、遺恨を晴らすための真剣勝負をしていたのである。と同時に、やすしのようになってはいけないと反面教師にしたい気持ちでもあっただろう。

ではなぜ、やすしの運命は暗転したのか。下り坂にさしかかる時期のマネージャーだった大谷由里子は、こんな見方をしている。

「横山さんは誰よりも強がっているくせに、人一倍寂しがりやなんや。漫才が大好きで、大好きで……。不器用でまっすぐな人だからこそ、漫才以外はできなくて、タレントになりきれなくて……」

昭和61年7月、きよしは参議院選挙に出馬し、当選。その3ヶ月前にやすしはアルコール依存症で入院し、断酒宣言をしたが、もちろん守られるはずはない。それどころか、酒気帯びで仕事をすることも増えていった。翌年には司会を務める番組でゲストにしつこく絡み始めたため、休憩中、大谷にビンタされてしまう。ただ、これがきっかけで、やすしは20代の大谷を認め、むしろ甘えるようになったようだ。

彼女が結婚退職する際には、特大の冷蔵庫をプレゼントして、こう言った。

「冷蔵庫は毎日使うもんや。イヤでもワシのことを忘れんやろ」

それどころか、吉本をクビになったあと、大谷にまたマネージャーをやってもらうことを切望していたという。やすしは私生児で、すぐに養子に引き取られたため、母の愛に飢えていたとされるが、大谷もまた、母を感じさせる女性だったのかもしれない。さらにいえば、そんな生来の喪失感が芸人としての魅力にも、社会人としてのバランスを崩す致命的欠陥にもつながっていたのだろう。

やすしに比べれば、勝新の最期はまだ幸せだった。大向こうをうならせる派手な見せ場も作れたからだ。

平成8年5月、舞台『夫婦善哉 東男京女』で玉緒と生涯唯一の夫婦共演を果たし、その公演中に声が変調をきたして、8月に入院。11月に会見を開いて、咽頭ガンを公表する。その席で「ガス麻酔はマリファナ以上。『モルヒネも打ってくれぇ〜』って、先生に頼んじゃったよ」と笑わせたり、

「酒もたばこもやる気がしないのでやめた」

と言いながら、たばこをふかしたりと、独演会を繰り広げたのだ。ただ実際の療養生活は、禁煙禁酒で真面目な患者だった、とも。それくらい、復帰して仕事をしたい思いが強かったのだろう。

結局、翌年6月には亡くなってしまうが、入院中「38歳年下の愛人と病院を抜け出しデート」という記事が出るなど、勝新らしさを貫く65年の生涯だった。

この年には萬屋錦之介や三船敏郎も世を去り、勝新の兄・若山富三郎はその5年前に鬼籍に入っていた。芸人では、藤山寛美がやすしの6年前に天国へ旅立っている。平成ひとケタ年代は、昭和的な豪放や無頼のたそがれというべき季節だった。

寅さんと田所康雄のあいだで

●渥美清（8年・68歳）

象徴的な死といえるのがもうひとつ。平成8年に68歳で世を去り、国民栄誉賞を贈られた渥美清だ。映画『男はつらいよ』シリーズで「寅さん」を計48作、27年にわたって演じ続けた。劇中での職業が「テキ屋」だったことを含め、この人の死も昭和的なるものの終わりを感じさせる。が、こちらの場合、横山やすしや勝新太郎のように、私生活の武勇伝が生前騒がれるようなことはなかった。徹底して、プライバシーを見せずにいたからだ。それゆえ、その素顔は死後、明らかになる。

たとえば「もうひとつの自宅」の存在だ。渥美は妻子と暮らす家より、彼が「勉強部屋」と呼ぶ仕事場兼事務所のマンションですごす時間のほうが多く、それは「半別居」のようだった。そこには、若い頃からのこんな美学が。

「私はね、役者というのは結婚すべきではないと、ずっと思い続けていたんです。反家庭的な商売ですからね、役者なんてのは。放浪したり、さまよったり、自分勝手なエゴを押し通したりする。家庭を持ち、子供が生まれれば、その部分はどうしてもよき夫、よき父親とならなくてはならない」

おそらく、結婚してもなおその美学を貫くための「半別居」であり、それは「寅さん」との一体化にも活かされたのだろう。

亡くなって4年後には、そのマンションにあった遺品を買い取ったという人物がオークションを行ない、遺族が抗議するというトラブルも起きた。その際、愛人だったのではないかと騒がれた女性もいる。渥美の死の直後、遺品のなかのバスタオルを見るなり抱きしめ、自分が贈ったものだと言って泣いたという。渥美の子供でもおかしくない年代のこの主婦は『週刊文春』の直撃に、

「私は、渥美さんという人は知らないんですよ。私が知ってるのは、田所さんという、ひとりの、芸能人でもなんでもない『一介の人間』だったんです」

と、答えた。恋愛関係については否定したものの、渥美の本名は「田所康雄」であり、意味シンといえば意味シンだ。

ただ、このマンションは休息の場でもあったようである。もともと、浅草の芸人として出発した彼は、けっこうやんちゃなこともしたようだが、20代で肺結核を患い片肺を切除。これを機に、節制しながら、動きに頼らない芝居を目指すようになる。心身を疲弊させないためにも、このマンションは必要だったのだろう。

「このころは薬も腹巻きに移し、いつでも飲めるようにしていたのですから」

――付き人・篠原靖治

平成3年に肝臓ガンが見つかってからは、その進行をごまかしながらの撮影となった。6年には肺に転移。付き人をしていた篠原靖治の著書『生きてんの精いっぱい　人間・渥美清』によれば、遺作の『男はつらいよ 寅次郎紅の花』では途中から、抗ガン剤の服用が目に見えて増えた

郵便局が販売した「寅さん絵入りはがきセット」より、第1作、第13作、第40作、第48作。第40作は、昭和から平成の替わり目に上映された作品だ。

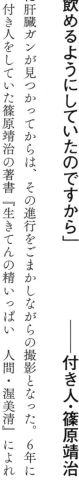

という。

「例の薬もそれまではセカンドバッグに入れていて、撮影中に飲むことはまずありませんでした。それが、このころは薬も腹巻きに移し、いつでも飲めるようにしていたのですから、病状の悪化は相当なところまで進んでいたのだと思います」

当然、激しい動きは無理だったが、笑いはとった。たとえば、マドンナ役の浅丘ルリ子の肩に手を置こうとして、寸前で動かれてしまい、アテがはずれて照れ隠しする場面など、なるほどとうならされたものだ。

プライベートを見せたくなかった渥美は、派手な葬儀も望まなかった。そのかわり、松竹の大船撮影所で「お別れする会」が営まれ『男はつらいよ』シリーズで妹役を演じた倍賞千恵子はこんな弔辞を捧げた。

「お兄ちゃんは、さくらさんにとってのお兄ちゃんでもあったけど、私にも本当のお兄ちゃんだったのよね。(略)いつも電話で最後になると『お前、幸せか』って聞いてくれたんだけど、もうそんなふうにいってくれないのかなあと思うと本当に寂しいよ、お兄ちゃん」

フィクションであるはずの役になりきっての、現実の死者への別れの言葉。こういう弔辞が成立するのも「渥美清」が「寅さん」と同化していたからだ。この見送られ方はまさに、役者冥利に尽きるものだろう。

ラジオ・映画・テレビ黄金期の主役たち――昭和の終わりを告げたもの

●淀川長治（10年・89歳）●笹川良一（7年・96歳）●横井庄一（9年・82歳）●神永昭夫（5年・56歳）
●須田開代子（7年・57歳）●藤子・F・不二雄（8年・62歳）●香淳皇后（12年・97歳）

昭和の娯楽といえば、ラジオ、映画、テレビである。もちろん、平成でも楽しめるが、絶頂期の熱狂度は比較にならない。そんな三大メディアで活躍した偉人が次々と退場していくことで、人々は時代のうつろいを感じたわけだ。

たとえば、ラジオ歌謡を担った歌手や職業作家たち。平成5年には、藤山一郎と服部良一、10年には吉田正が亡くなった。いずれも、国民栄誉賞の受賞者だ。11年には、淡谷のり子。晩年には『ものまね王座決定戦』の審査員としても貫禄を示した。

映画では、平成10年に「世界のクロサワ」と呼ばれた黒澤明が死去。その作品にも出演した杉村春子は、前年に亡くなった。黒澤の2ヶ月後には評論家の淀川長治が鬼籍に。「サヨナラ、サヨナラ、サヨナラ」というキメ台詞のほか、死の前年には同性愛者だったことを告白して話題になった。ゲイ映画を撮った監督と雑誌で対談した際「あなたは同性愛者なの？」と問いかけ「イエス」という返事に、

「そうなの。僕はね、50年前、ホモセクシャルだったのね」

と、半世紀前の失恋を語ったのである。

やがて、娯楽の主役がテレビに移ると、バラエティやドラマが続々とヒットし、人気者が生まれた。そのなかから『シャボン玉ホリデー』のハナ肇が平成5年に亡くなり、その翌年には『水戸黄門』の東野英治郎、『肝っ玉かあさん』の京塚昌子が世を去った。

かつての銀幕スターもCMに出るようになり、なかでも上原謙と高峰三枝子が温泉に浸かる国鉄の「フルムーンキャンペーン」は話題を呼んだ。これを最後のひと花にして、高峰は平成2年、上原は3年に死去する。

また、三木のり平のように「桃屋」のCMに40年間、出演し続けた人も。アニメと声を合体させた名物シリーズだ。平成11年に亡くなったが、継続を望む声が多く、息子の小林のり一が声をあてた新作が死後も放送されたりした。

大物のCMといえば、芸能人ではないが、笹川良一のような人も登場。戦前に右翼の活動家として名を馳せたあと、戦後は日本船舶振興会の会長として競艇界を牛耳り、莫大な富と権力を得た。慈善事業にも熱心で、CMでは「世界は一家、人類は皆兄弟」と謳い「一日一善」を呼びかけ、異彩を放っていたものだ。

平成7年に96歳で世を去ると、その生涯を再検証しようとする動きも生まれた。そんななか、後継者の三男・笹川陽平は『週刊朝日』でこんな話をしている。

「A級戦犯としてオヤジが逮捕されたのも、戦争が終わり、進駐軍が来ているときに、わざわざ『あの戦争は侵略じゃない』と、各地で反米演説をしてまわったからです。あの時代、あの状況で、そんなことをするのは死を覚悟しなければできないこと。そして、オヤジは拘置所生活のなかで、戦争の悲惨さ、平和の尊さを考え続けたといってました」

「美保子は本当の戦争を知らんからなあ……」——横井庄一

いずれにせよ、終戦から半世紀がすぎ、その記憶はすでにうすれつつあった。いわば、戦争は遠くなりにけり。笹川の2年後には、横井庄一が82歳で死去している。グァム島での28年間のあと、選挙に出たり「耐乏生活評論家」として講演をしたり。晩年は陶芸にも熱中し、個展を開いたりもした。が、夫人によれば、夜中にうなされ、

風車の弥七を演じた中谷一郎（右上）も、平成16年、73歳で鬼籍に入った。長年、糖尿病などと闘い続け、咽頭ガンで死去。

「グァム島のジャングルで逃げている夢を見た」

などと、説明したこともあったという。また、夫人がテレビで戦争映画を見ていると、

「美保子は本当の戦争を知らんからなあ……」

と、つぶやいたり。このふたつの死は「戦後」の終わりを実感させるものでもあった。

話をテレビに戻すと、その普及に大きく貢献したのがスポーツ中継だ。特に昭和39年の東京五輪は、日本中に注目され、テレビの購入意欲を高めた。しかし、そこで悲劇の主役になったのが神永昭夫だ。柔道オープン（無差別）級の銀メダリストである。

この大会から正式種目になった柔道では、全種目制覇が期待されたが、オランダにアントン・ヘーシンクという強敵がいた。誰を当てるか、コーチ会議は紛糾し、神永が貧乏くじをひくかたちになった。この大会の柔道のために造られた日本武道館で、日本勢は軽量、中量、重量級と順調に勝ち進み、迎えた最終日の無差別級、神永は予選でヘーシンクに判定負けを喫する。それでも、敗者復活戦で決勝まで勝ち上がったが、今度は袈裟固めで一本負けをしてしまった。

その夜、控えていた酒を飲んだ神永は、

「ヘーシンクは強かったです。組んだ瞬間、それが分かりました」

と、晴々とした顔だったというが……。試合直後には、控室から漏れてくる号泣を聞いたという証言もある。無差別級で負けるのは日本柔道の敗北だとして、バッシングも受けた。

その後、彼はモントリオール五輪の無差別級金メダリスト・上村春樹を育てあげ、平成4年のバルセロナ五輪では日本の総監督として、吉田秀彦や古賀稔彦に金メダルを獲らせた。しかし、

その半年後、直腸ガンのため、56歳で亡くなってしまう。この訃報に対し、東京五輪でヘーシンクの巨体に押さえ込まれ、天を仰ぎ続ける姿を思い出す人も多かった。

そのあと、ブームになったスポーツがボウリングだ。その立役者のひとりが須田開代子だった。ブームが下火になってからも『ザ・スターボウリング』で解説を務め「ナイスカン」「これは厚い」といった独特の専門用語を使って楽しませた。昭和60年に胃ガンの手術を受け、克服したものの、平成7年初めに食道ガンが見つかり、11月に心不全で死去。

ライバルの中山律子は、そのエネルギッシュな働きぶりに触れながら、

「こんなふうにどこでも寝られるから元気なのかな、と思ってましたけど、本当はやはり、ひどく疲れていたのかもしれません」

と、57歳での旅立ちを惜しんだ。

ボウリング人気が過熱していく頃、1日あたりの平均入場者35万人という驚異的な動員を記録したのが大阪万博である。そのシンボルとして、国内外の注目を浴びたのが岡本太郎の『太陽の塔』だ。「芸術は爆発だ」の名言でバラエティやCMでも親しまれたが、平成8年、パーキンソン病が悪化して、84歳で世を去った。

芸術系では『サザエさん』の作者・長谷川町子が亡くなったのが、平成4年。心不全による72歳での最期だった。昭和44年に始まった同名アニメは、世界最長の放送期間を誇り、国民栄誉賞を受けるにふさわしい、国民的作家のひとりである。

「子供の世界は、僕らのころと変わっていないのかもしれないね」

——藤子・F・不二雄

アニメといえば『ドラえもん』の作者、藤子・F・不二雄こと藤本弘は、その4年後に肝不全で62年の生涯を終えた。藤子不二雄Ⓐこと安孫子素雄とのコンビで活躍してきたが、肝臓を痛め、それぞれの作風の違いも大きくなってきたことから、昭和62年にコンビを解消。晩年は入退院を繰り返しながらも『ドラえもん』だけは描き続けた。酒もやらず、人づきあいも苦手で、マンガ三昧の人生だったようだ。

藤子不二雄Ⓐは「もう、ドラえもんを超える児童マンガは出ないんじゃないか」として、こんな讃辞を。

「自分のあこがれである未来の夢と現実とをドッキングさせ、子供たちに素晴らしいファンタジーを与えてきた。自分が読者の一人として読みたいなあ、楽しいなあというマンガを描いてきて、それが結果として子供たちに強いメッセージを与えてきたんだと思います。これはもう漫画家として理想的な形です」

とはいえ、本人はこの大ヒットについて、アシスタントにこう話していた。

「古いタイプのマンガを描いているつもりなんだけど、現代に通用するのは不思議だ。子供の世界は、僕らのころと変わっていないのかもしれないね」

いや『ドラえもん』は世界各国で人気だ。子供の世界には、古今東西、変わらないものが存在し、それを彼が見事にとらえきったということなのだろう。

とまあ、平成初期の死について、印象的なものを見てきたが、平成12年、ある高貴な人物の訃報がもたらされた。皇太后（香淳皇后）の老衰による最期だ。明治から平成の四つの時代を生き、昭和天皇と日本の激動をともにしてきた。享年97は歴代の皇后で最長寿である。これほど昭和の終わりを実感させた死もなかっただろう。

もっとも、しみじみとしてばかりはいられない。この本は「平成の死」を描くものだ。次章からは、よりいっそう平成らしい死について考えていくこととしよう。

第二章　ガンとの戦死

昭和はあきらめる病、平成は闘う病に

ガン告白という仕事

●逸見政孝(5年・48歳)

「逸見さん、がんばってください。手術の成功、祈っています！　喫茶○○一同」

平成5年の9月、旅先で立ち寄った喫茶店の入口にそんな言葉が記されたホワイトボードを見つけた。人気司会者・逸見政孝がテレビ史に残るガン告白会見を行なった数日後のことだ。

この喫茶店は逸見本人とはなんのゆかりもなさそうだったが、当時、彼の闘病は国民的関心事のようになっていた。それはクリスマスの壮絶な死で最高潮に達し、その後も手術の是非などをめぐって注目を浴び続けていく。コラムニストのナンシー関はこの現象を「なんか親戚の人が死んだみたいな実感じゃないかな」と分析したが、あのホワイトボードもまさにそんな親近感を示すものだったのだろう。

その理由について、ナンシーは「最後までテレビの真ん中にいた」ことを挙げる。たしかに、逸見は毎日のようにテレビに出ていて、会見後はその病状がワイドショーで逐一報じられた。ただ、その親近感には彼のキャラクターも影響していたはずだ。

フジテレビ時代『FNNスーパータイム』で幸田シャーミンとともに司会を務め『夕やけニャンニャン』のニュース予告コーナーにも登場。片岡鶴太郎にいじられる姿が面白がられ、レコードやブロマイドが作られるほどの人気を得る。独立後は真面目さとユーモアを兼ね備えたタレント司会者として、多くの番組を仕切り「平成の視聴率男」的存在となった。

しかし、偉ぶるところは見せず、もとよりイケメンでもなく、多忙をむしろ楽しむかのように働きまくる姿は、高度経済成長期からバブル期にかけての「日本のお父さん」を彷彿とさせた。そのあたりが独特の親近感につながっていたのではあるまいか。

そんな逸見が胃ガンと診断されたのは、平成5年1月18日。2月4日には手術が行なわれ、25日に退院した。公表された病名は「十二指腸潰瘍」だが、執刀医でもあった病院長いわく「たちの悪いスキルスがん」で「すでに腹壁に転移し、がん性腹膜炎を起こして」いたという。ただ、

逸見は『夜も一生けんめい。』での音痴ぶりでも人気を博した。これは局アナ時代のデビュー曲。秋元康・見岳章の『川の流れのように』コンビが手がけた。

本人には末期であることをはぐらかし「手術はうまくいきました」と伝えたとのことだった。

それゆえ、本人は治ったものと考え、退院翌日には現場に復帰。もちろん、万全な体調ではない。この時期『週刊テレビ番組』で『クイズ世界はＳＨＯＷ ｂｙショーバイ!!』のプロデューサーを取材した際、逸見の姿を見かけたが、収録の合間はソファーに横たわっていた。若いスタッフに「逸見さん、大丈夫ですか」といたわられ「うん、大丈夫」と答えていたのを今も覚えている。

そういえば、この少し前『たけし・逸見の平成教育委員会』のプロデューサーも取材した。その男性もひどく疲れた様子で「すみません」とこちらにことわったうえで、ソファーに横たわったままインタビューに応じたものだ。彼はその直後、自殺を遂げることになる。

とまあ、何かと不吉な印象も抱かないわけではなかったが、逸見は以前同様、あるいはそれ以上に仕事をこなしていった。そこには、前年11月、すなわちガン宣告の2ヶ月前に総額12億ともいわれる豪邸が完成し、そのローンを抱えていたという事情もある。ただ、それよりも性格的に、ガンを経験したことでよりいっそう、やりたい仕事を悔いなくやりたいという思いが強まったのかもしれない。

新番組にも挑戦し、7月には前年に引き続き、24時間番組『ＦＮＳの日　平成教育テレビ』の司会も担当。その際、ＣＭ中につまずくような場面があったと山城新伍が弔辞のなかで明かしている。実際、すでにガンは再発していて、手術痕にタマゴ大のしこりができていた。

そのしこりは8月15日の手術（執刀は副院長）で除去されたものの、前出の院長いわく「氷山の一角」にすぎなかった。そして、もはや手術は無意味という判断から放射線治療で可能な限り延命させる方針を選択。逸見の妻にもそう伝えたというのだが……。

逸見は別の病院に転院して、大手術を受けることを決断。9月6日にあの会見を開くことになるわけだ。

「私が今、冒されている病気の名前、病名は……ガンです」——逸見政孝

会見の朝、前出の院長にあいさつして、謝意を述べた逸見は、メディアやファンに対しても律儀だった。

以前、嘘の病名を公表してしまったことを詫び、

「私が今、冒されている病気の名前、病名は……ガンです」

と、アナウンサーらしい正確さで告白。「闘いに行ってきます」「いい形で、生還しましたと……、そう言えればいいな」と、覚悟と希望を口にした。

しかし、テレビを見ていたある医師はその顔色などから「おやっ」と思ったという。

「頬がこけ、身体の抵抗力ががんの勢いに負けた状態である〝悪液質〟特有の兆候が見て取れたからです」

ベストセラー『患者よ、がんと闘うな』などで知られる近藤誠の発言だ。

ただ、逸見のやつれぶりは素人目にも明らかだった。この会見直前にも『逸見のその時何が!』

のなかで、上岡龍太郎に、

「あなたは気を遣いすぎるから、痩せてしまうんですよ」

などと心配されていたものだ。

もちろん、本人も大きな不安を抱えており、会見直後、米国留学中だった長男・太郎に送った手紙にはこんな想いが綴られている。

「正直言って十六日の手術でお腹を開いてみないことには何とも言えない。現在のところでは五分五分の生死である」

だが、実際のところ、生き残れる可能性は五分どころではなかっただろう。(「治る可能性は一パーセントもなかった」というのが前出・近藤の見解だ)。手術は13時間にも及び、3キロ分もの臓器が摘出されることに。この直後、2000年の夏季五輪の開催地がシドニーに決まると、

「7年後か。見られるのかな」

と、つぶやいたりもしたが……。10月下旬に腸閉塞を併発して以降は、悪化の一途をたどった。12月には意識混濁に陥り、クリスマスに48歳で帰らぬ人となる。

ヘアメークを担当していた豊田一幸(のちのIKKO)が死化粧を施し、遺体を乗せた車はNHKと各キー局の前を巡回。その訃報は大々的に報じられ、テレビでは数々の特番が組まれた。印象的なのは、俳優・天本英世の姿である。彼は「だいたい、働かされすぎなんだ」としたうえで、

「2月にも『平成教育委員会』の関係者が自殺してて、これで死んだのは二人目だ」

と、怒りをあらわにした。

さらに、治療のあり方の是非をめぐって論争が巻き起こることに。まず、最初の診断で「スキルス」だと気づかず、早期ガンとしての手術を行なおうとしたのではという「見落とし説」が浮上した。一方、前出の院長はこれを否定し、転院について、

「ご本人の選択とはいえ、結果を見れば、逸見さんは手術で痛い思いをし、制がん剤の激しい副作用に見舞われ、ベッドに寝たきりのままで年も越せず、亡くなってしまったわけです」

と、疑問を呈示。前出の近藤も「手術せずにいたら、しばらくは普通の生活ができたはずだ」

と述べた。

かと思えば、転院の背景には、最初の病院側と患者及び家族とのあいだでコミュニケーションに齟齬が生じていたのではという指摘も。回復、あるいは、よりよい生をという願いは同じでも、立場が違えば思惑がズレてしまうのは致し方ないことなのだろう。

ただ、逸見は多くの人を楽しませた当代有数の人気者でもある。にもかかわらず、その最期にばかり関心が集まるのは個人的にしのびなかった。

そこで『週刊テレビ番組』に連載していたコラムにおいて、タレントとしての評価をきちんとしておこうと決意。東京出身のビートたけしと大阪出身の逸見との掛け合いがいかに素晴らしかったか、などの話をしたうえで、苛酷な闘病ばかりがクローズアップされていることにうらみを述べ、こう結んでみた。

「記憶のなかの逸見は、今も明るいままだ」

すると、掲載号が出てすぐ、編集部でこんな話を聞かされた。

「さきほど、三木プロの三木社長から電話があり、このコラムを執筆した方にお礼を言いたいとのことでした。会見以来、こんなによく逸見のことを書いていただいたのは初めてです、と」

三木とは逸見の盟友で、独立後の活動を支えてきた三木治のことだ。物書きとして、これほど嬉しいことはなく、また、こういう人と一緒にやってきたからこそ、逸見はその実力を発揮し、魅力をふりまくことができたのだと気づくこともできた。

とはいえ、あの会見もまた、逸見が遺した重要な業績である。そのあたりは本人も自負していたようで、前出の息子への手紙はこんな書き出しになっていた。

「とてつもなくデッカイことをしたような気がする。会見当日は民放各局が夕方六時のニュースでとりあげ、ワイドショーが一週間パパのネタで通してしまったのである」

その「デッカイこと」については、前出・近藤もこう言っている。

「逸見さんは、世間にがん手術への懐疑を呼び起こし、残された時間を有効に過ごすことの大切さを認識させるために、その身を捧げられたとも言えます」

「別の選択もあることを知っていたら、と非常に残念です」――妻・晴恵

しかし、遺族にとってはそれよりもなんとかして生き延びてほしかっただろう。大黒柱の死は経済的にも痛手となった。長男・太郎は芸能界入りして、父が遺した豪邸を維持すべく奮闘した

が、そもそも、何十人ものスタッフが打ち合わせをするための広大なミーティングルームなど無用の長物でしかない。

逸見の妻は夫の死から3年後、近藤との対談でこんな思いを吐露した。

「主人の場合も治ると思って苦しい治療に耐えたんです。（略）最後は言葉も出ないくらい苦しんでいましたから、別の選択もあることを知っていたら、と非常に残念です」

治るのか治らないのか、それは医師にとっても、容易に断言できることではない。まして、患者は藁にもすがる思いだ。治せるものなら治したいと考えるのも人情である。

ちなみに、逸見は弟を同じスキルス胃ガンで亡くしていた。それを機に、タバコをやめ、定期健診も受けていたという。また、甘党でコーラに目がなく、糖尿病を患ったが、ダイエットと運動でコントロールしていた。ガンに対しては、予感も覚悟も、自分は勝ってみせるという意志も持ち合わせていたのかもしれない。

ただ当時、論争に登場した専門医のひとりはこう言っていた。

「がんは治るものと思われがちですが、やはり、まだ怖い病気だ。末期がんの患者を診ていると、医師もつらく切なく悲しい」

たしかに、昭和におけるガンは「治らない病気」「あきらめる病気」というイメージだった。それが平成に入り「不治の病」ではなくなったものの、かといって「治る病気」になったわけでもない。しっくりくる表現があるとすれば「闘う病気」だろうか。

逸見の闘病と死、それはガンが「闘う病気」になったことを世の中に示したのである。

私物化されたヒーローの死

●松田優作（元年・40歳）

ガンが「闘う病気」になった平成という時代。逸見政孝よりも前に、壮絶な死を遂げた男がいる。松田優作だ。

その戦いは、孤独なものだった。本人がそれを望んだからだ。平成元年11月『週刊明星』の追悼記事のなかで、主治医はこう証言している。

「昨年9月にお見えになった時点で、ガンは膀胱の4分の1ほどを冒していました。松田さんと話をしていくうちに、彼の性格もわかりまして、すべてをお話ししました。しかし『ブラック・レイン』をどうしても作りたいということで、あえて手術をしませんでした」

膀胱ガンを告知されたものの、松田はオーディションで射止めたハリウッドデビュー作『ブラック・レイン』の撮影中だった。それゆえ、手術はせず、体調不良をごまかしながら仕事を続けることを選択。妻・松田美由紀にも翌春まで秘密にし、話した際も軽症だと嘘をついたという。

とはいえ、映画は本格的アクション物だ。激痛に耐えての撮影は苛酷なものだっただろう。その甲斐あって『ブラック・レイン』は日米両国でヒットする。しかし、日本での公開日、彼はついに緊急入院。主治医によれば「相当進行していて、尿もつまって出ないような状況」だった。

そのまま病院の外に出ることなく、約1ヶ月後、40年の生涯を閉じるのである。

それでも、ハリウッドデビューの成果は上々で、米国の大物スターが主演する映画からのオファーも届いたりしていた。病床で聞かされた松田は、

「ロバート・デ・ニーロは尊敬する役者だし、絶対やりたい。一時的退院はできないか」

と、語ったという。また、仲のいいカメラマンにも前年秋に「もう日本に未練はない」「アメリカで住む場所も決めた」などと、本格的ハリウッド進出への意欲を明かしていた。その一方で、鉄板焼きの海老を見ながら、

「こいつらも生きているのに、俺のために死んでくれているんだ。そのことを思うと、どんなことにも感謝しないとなぁ」

没後30年以上すぎてなお「タバコが似合う役者」として誰よりも名前が挙がる優作。銘柄では「エコー」を好んだという。

という話もしていたというのだが……。

「国籍が違うとわかったら、皆さんにガッカリされてしまうでしょう」――松田優作

松田はガンになったことで死の予感を強く意識しながらも、俺が死ぬはずがない、死んでたまるかという気持ちもそれ以上に持ち合わせていたような印象を受ける。そうでなくては、仕事を続けることもできなかっただろう。その精神性はどこから来ていたのか。ひとつ、鍵になりそうなのが彼の出自だ。

松田は在日韓国人の母と日本人の父のあいだに生まれた私生児で、デビュー時の戸籍名は「金優作」だった。帰化申請してもなかなか通らず、高校時代には米国に留学して現地の国籍取得を目指したものの挫折。それが『太陽にほえろ！』で人気俳優となったことで、チャンスが訪れる。

「僕はいまテレビの人気番組に出ているのですが、国籍が違うとわかったら、視聴者の皆さんにガッカリされてしまうでしょう」

そんな内容の帰化申請動機書を法務大臣に提出し、晴れて日本人・松田優作に。最初の妻である松田美智子は、この出来事を機に「言動に自信を持ち、性格も明るくなった」と、明かしている。ただ、子供時代のことは「ほとんど話さない人でした」とも。そのコンプレックスは根深く、ハングリー精神や承認欲求につながってもいたのだろう。また、国籍上の屈折を抱える者が世界

一豊かな米国での成功でそれを一気に超えようとするのもありがちなパターンだ。『ブラック・レイン』への命懸けのこだわりは、彼のそういう部分によるところが大なのではないか。

ちなみに彼は、美由紀との不倫によって美智子と離婚したが、美由紀との再婚後、美智子と不倫関係になった。彼の死後、作家になった美智子は、

「有名俳優の松田優作を獲得する女性はいるかもしれないが、無名どころか負を背負い、貧しく、いつも苛立っていた、若い獣のような青年に出会うことは、もはや誰にもできないのだ」

と、矜持を記している。一方、それを言うなら、美由紀にも別の矜持があるだろう。それは、松田の遺伝子を継ぐ俳優をふたりも育てたということだ。松田を知る者にとって、遺児の活躍を見るのは何よりの喜びに違いない。

前出のカメラマンも、こんな話をしている。

「小さい頃から見てきた息子の龍平君と翔太君に俳優として、仕事現場でそれぞれに再会したときは、知らない間に号泣してしまいました」

松田の死後の状況について、美智子は「みんながそれぞれ彼を私物化」していると形容した。それは彼のような死者にとって、おそらく光栄なことである。

血液のガンと平成の佳人薄命

●本田美奈子（17年・38歳）　●村上幸子（2年・31歳）

平成30年『越路吹雪物語』が放送された。和製シャンソンの女王の生涯はもとより、マネージャーでもあった作詞家・岩谷時子との友情も描いた昼ドラだ。越路は昭和55年に、胃ガンのため、56歳で亡くなった。これを見ながら、岩谷はこのあともう一度似た哀しみを味わうのだなと改めてしみじみさせられたものだ。

本田美奈子のことである。昭和60年、アイドル歌手としてデビューした彼女は平成2年『ミス・サイゴン』のオーディションを受け、ミュージカル女優に転じた。その後はポップスとクラシックのクロスオーバーを目指すなど、多彩に活動。その歌唱力と歌への情熱に、越路の面影を重ねたのが岩谷だ。亡きスターの思い出を聞かせるうち、本田は敬意を抱くようになり、越路の代表作『愛の讃歌』をカバーするなどした。

しかし、平成16年の暮れ、本田は体調を崩す。翌年1月には急性骨髄性白血病と診断され、すぐに抗ガン剤治療が始められた。渡辺謙のように克服した人もいるが、夏目雅子のように命を落とした者もいる「血液のガン」だ。しかも、本田は抗体の型が200万人にひとりという珍しさで、極めて難治性だったという。

そんななか、入院先の病院に岩谷がやってきた。見舞い客ではなく、患者としてだ。転んで足を骨折し、入院したのである。とはいえ、無菌室の本田は会いに行くことができない。そこで、ＩＣレコーダーに録音した「ボイスレター」を送った。

「先生、大丈夫ですか？　美奈子です。先生は私の病室の10階上の同じ部屋にいるということで、今日も先生が作ってくれた大切な大切な曲を6階から先生のほうへ向かって歌っています。先生、早く元気になってね」

「大切な大切な曲を6階から先生のほうへ向かって歌っています」——本田美奈子

一方、岩谷は、

「やっぱり私たちは、どっかの縁でつながっているんだと思います。苦しいことは生きている間に何度もくるのよ。（略）お互いに元気を出し合いっこして元気に生きましょうね」

という「ボイスレター」を返した。骨折とはいえ、当時88歳の岩谷はかなり危険な状況にあり、この励ましは大きな力になったようだ。本田の育ての親でもある所属事務所社長・高杉敬二は、こう説明している。

「美奈子はのど全体に炎症ができてつらかっただろうに、元気な声じゃないと心配されると、水を少し口に含んでは血をペッと吐き、メッセージと歌を録音したのです」

やがて、岩谷は回復。しかし、本田の治療は難航した。それでも、5月に受けた臍帯血移植の手術が奏功し、一時退院が実現。7月には38歳の誕生日を自宅で迎えることができた。ところが、1ヶ月ほどで再入院。米国で開発されたばかりの新薬を試すなど、懸命な闘病もむなしく、11月に息をひきとることになる。

葬儀では、前年、舞台で共演したばかりの岸谷五朗がこんな弔辞を述べた。

「そして病気との戦い、偉かったです。美奈子ちゃんは、ずっと頑張っていたのに頑張れ、頑張れって言ってごめんね。本当に偉かったです。頑張りぬきました」

たしかに、人一倍負けず嫌いだった彼女は、人一倍頑張り屋だった。20年以上、二人三脚でやってきた高杉も葬儀の2日後『週刊女性』でこう語っている。

「病室での発声練習は、亡くなる2週間前まで続けていました。『もう一度、唄いたい』という一心でね。まさか、あのまま亡くなるとは。病院から通える近いスタジオで、レコーディングしようという話もしていて、最期に彼女と交わした言葉は、その話を終えた際の『ボス、頑張るからね』のひと言でした」

また、この記事には「DVDの解説文なども書いた音楽評論家」による、こんなコメントも。

「彼女は生まれつき、歌うための喉の筋肉が発達していました。それほど、歌う才能に恵まれ、歌うことが好きでした。そこで『歌ばかり追っかけてると、結婚できないかもね』と言ったら、本気でムクれていましたね。『結婚はともかく、子供だけは絶対、欲しい』って」

じつはこの「音楽評論家」とは筆者のことだ。結婚云々のやりとりは平成7年『宝島30』でインタビューした際に交わされた。アイドル時代の試行錯誤から抜け出し、ひと皮むけた彼女は活き活きとして、大人の可憐さとでもいう輝きにつつまれ、ドキドキさせられたものだ。生きていれば、実力派の歌手として、アイドル時代には出られなかった『紅白』にも呼ばれていたのではなかろうか。

その『紅白』を不運なかたちで逃し、夭折した演歌歌手がいる。村上幸子だ。昭和54年にデビューしたものの、なかなかヒットに恵まれず、苦節十年、ようやく昭和63年に『不如帰』が大ヒットの気配を見せた。徳冨蘆花が結核で死ぬ美女を描いた同名小説をモチーフにした文芸モノだ。しかし『紅白』有力という声もささやかれ始めた矢先、昭和天皇が重病に倒れてしまう。「泣

(上)本田美奈子のライブDVD。アイドル時代のものが復刻された。(下)村上幸子と琴風(現・尾車親方)のデュエットソング。

いて血を吐く　ほととぎす」というサビを持つこの曲は、自粛の対象となり、彼女は大チャンスを逃すのである。

しかも、明くる平成元年、彼女は悪性リンパ腫に冒される。越後美人で人柄も優しく、業界内に「さっちゃん会」こと「純潔を守る会」まで生まれるほどだったが、翌年の夏、31歳で帰らぬ人となってしまった。

作詞家の星野哲郎は、こう評している。

「幸子はなにか時代をまちがえて生まれてきたような子でした。明治大正の古きよき時代のふんいきをもっていましたので『不如帰』『虞美人草』『放浪記』『にごりえ』と名作文学シリーズの詞を彼女のために書いたのです」

時代はともかく、せめて一、二年、生まれるタイミングがずれていたら『紅白』への夢もかなっていたかもしれない。

このふたりのような死に出会うたび「佳人薄命」という言葉に胸をしめつけられる。美貌と才能、それと寿命とは、ときに両立しないものなのだろうか。

貴種流離譚に選ばれたヒロイン

●小林麻央（29年・34歳）●黒木奈々（27年・32歳）

佳人薄命といえば、まだ記憶に新しいのが小林麻央の死だ。ただ、この人の場合、もっと別の、大きな枠組のなかで考えてみたいところもある。市川海老蔵という、最終的には人間国宝になるかもしれない歌舞伎役者の人生における位置づけとでもいおうか。それくらい、若くしての乳ガン発症が運命的なことのようにも思われたのである。

平成9年に『週刊朝日』で当時19歳の海老蔵と対談した林真理子は、後記にこう書いた。

「まだの方がいらしたら、ぜひ新之助さんの舞台を見ていただきたい。将来、海老蔵か團十郎になったとき『若いときはいろいろあったけど、立派になって……』なんてつぶやく。これは歌舞伎を観る楽しみです」

この時点で彼は「平成の三之助」のひとりとして注目され始め、宮沢りえや松たか子と噂になったりしていたが、スキャンダルはその程度だった。にもかかわらず、林は今後「いろいろ」あることを予見して、それもひっくるめて楽しむ気が満々だったわけだ。そして実際、彼の身の上には「いろいろ」なことが起きる。

まず、最初の大きな「いろいろ」が平成15年の隠し子発覚だ。このとき、彼は大河ドラマ『武

蔵　ＭＵＳＡＳＨＩ』に主演中で、共演者の米倉涼子との熱愛も報じられていた。が、元タレントとのあいだに1歳の娘がいることがわかり、会見を開く。子供を産みたいと言われた際には、「ああ、そうですか。結婚はできませんが、どうぞ」

と答えたと語り、話題になった。

その後、米倉とは結婚間近とまでいわれる関係になったが、破局。ほかに佐藤江梨子や河北麻友子らと浮名を流したあと、平成22年に麻央と結婚する。しかし、その8ヶ月後、次の大きな「いろいろ」が待ち受けていた。

都内の飲食店で元暴走族の男たちのグループとトラブルになり、暴行を受けたのだ。会見では左目にひどい充血が残り「にらみ」の芸に影響が出るのではと危惧された。それとともに、彼の素行にも問題があったと告発され、ダーティなイメージから舞台降板やＣＭ契約打ち切りといった苦境に追い込まれてしまう。

7ヶ月後、復帰を果たし、直後に長女が誕生。平成25年には父・市川團十郎が白血病で死去したが、翌月、まるで生まれ変わりのように長男が生まれる。とはいえ、海老蔵への世間のもやもや感はまだくすぶっていた。フリーの美人キャスターから梨園の妻となった麻央も、女性ウケするタイプではなく、バッシング的な報道も時折見られたものだ。

「自分では絞る力がないので、母が絞ってくれるのを心待ちにしています」

――小林麻央

そんな空気を一変させたのが、麻央の病気である。平成28年6月、海老蔵が会見を開き、彼女が1年8ヶ月前から乳ガンで闘病中であることを公表。スポーツ紙のスクープをうけてのものだったが、

「元気になりたい気持ちと、小さい子どものそばにいられない母親の思いは、計り知れない苦しさと闘っていると思います」

と、妻をいたわり、

「ママが帰ってこないのはなぜ？　というクエスチョンがあった長女も会見を見ていると思う。これで理解してくれるのでは……」

と、子供を気遣う姿は、見る者の胸を揺さぶった。

その瞬間、海老蔵のイメージは家族思いの強く優しい男に上書きされたのだ。と同時に、麻央は助からないのではとも感じた。あまりにも劇的な展開だったからだ。

じつは以前から、彼の「いろいろ」は歴史に名を残す人物がたどりがちな貴種流離譚のような気がしていた。そういうものには往々にして、悲劇的な（もっぱら女性の）脇役が登場する。古代の英雄・日本武尊が東征の途中、海で嵐に遭遇した際、妻の弟橘媛が入水して窮地を救われたように。麻央もまた、いずれ十三代市川團十郎となる男の壮大な物語のなかで、彼をひきたてる

役割を担っているのではと思われ、それには悲劇的な死が最も効果的に感じられたのである。

もちろん、彼女自身は夫や幼い子供たちのためにも生き続けるつもりだった。9月にはブログを開設して「なりたい自分になる」と宣言。強く生きたいという思いを発信し始めた。しかし、その思いは当然ながら揺れ動く。肺や骨に転移したことを明かした10日後には「いつか」と題し、先立った同僚へのこんな心境を綴った。

「元気になったらいつかお会いして、お話したいなと思っていました。(略)今も、時々、黒木奈々さんを想います。『いつか』と思っていると、『いつか』までの距離は果てしなく縮まらない気がします。最近は、今は無理でも、『いつか』と思わないで、何年何月何日頃って決めて思うようにしました」

人生に限りがあることを覚悟した人の言葉である。

黒木もフリーアナで、彼女とは生まれ年も出身大学も所属事務所も同じだった。彼女より少し前に胃ガンであることがわかり、一度は復帰を果たしたものの、平成27年9月に32歳で亡くなった。彼女にとっては、ガンを公表する前のことでもあり、いっそう孤独だった闘病生活のなかで、受けた衝撃は計り知れない。

その後、退院して子供の運動会や演劇発表会を見に行ったりしたが、平成29年3月には4歳の息子を持ち上げるのも苦痛なほど衰弱が進んだ。

そして、平成29年6月、彼女にも「限り」のときが訪れる。最後のブログ更新は亡くなる2日前の朝で「オレンジジュース」というタイトルだった。

「おはようございます。ここ数日、絞ったオレンジジュースを毎朝飲んでいます。正確には、自分では絞る力がないので、母が起きてきて、絞ってくれるのを心待ちにしています。今、口内炎の痛さより、オレンジの甘酸っぱさが勝る最高な美味しさ！　朝から笑顔になれます。皆様にも、今日 笑顔になれることがありますように」

当時、これを読んで思い出したのが、宮沢賢治の『永訣の朝』だ。結核のため、24歳で夭折した妹・トシの最期をうたった詩である。「あめゆじゅとてちてけんじゃ」とせがまれ、外からみぞれを椀にすくってきて妹の口に含ませる場面が、このブログの光景と重なった。賢治はこの「さいごのたべもの」を「天上のアイスクリーム」と呼んだが、麻央にとってもそういうものだった

婚約会見でのワンシーン。海老蔵からのプロポーズは「来世も再来世も一緒にいよう」だった。当時27歳。

のかもしれない。

妻を亡くした翌日も、海老蔵は舞台を務め、昼と夜の公演の合間にその死を発表する会見を行なった。婚約会見の際、麻央が「『来世も再来世も一緒にいたい』と言われてとてもうれしかったです」と言ったことに触れ、

「僕は今でもそのつもりです。（闘病中に）その話もしました」

と、涙ながらに語る姿は見る者を感動させたものだ。

彼女の命は34年で終わったが、ブログが英訳されたり、海老蔵と長男の同時襲名があるのではと騒がれるたび、思い出されることに。ひとりの女性として記憶されるだけでなく、歌舞伎界の伝説、いわば英雄物語のヒロインとしても語り継がれるのだ。それもまた、彼女自身がした人生の選択の結果であり、苦しみに耐えて生き抜いたことによる特権である。

天才は夭折する

●村山聖（10年・29歳）●森千夏（18年・26歳）

「天才は夭折するんだなあと思った」

美空ひばりの訃報に接した森繁久彌の言葉である。ただ当時、52歳の女王の死に「夭折」という表現は少し似つかわしくなく感じた。いくら長寿の時代になったといっても、夭折と呼べるのはせいぜい30代前半まではないか、と考えたからだ。

その点、まごうことなき夭折した天才として思い出されるのが村山聖。将棋界において、東の羽生（善治）西の村山と並び称されながら、平成10年、29歳で病死した悲運の棋士である。

その生涯は『将棋世界』編集長でもあった作家・大崎善生が『聖の青春』に描き、これはドラマや映画にもなった。また『月下の棋士』や『3月のライオン』といった漫画にも彼をモデルとした人物が登場する。それは夭折という結果はもとより、そこにいたるまでの経過があまりにも魅力的だからだろう。

5歳で罹患したネフローゼにより、小学校時代の大半を病院ですごした村山は、そこで将棋と出合い、名人になることを夢想する。ただ、棋界の頂点を目指し、大阪や東京でひとり暮らしをするようになってからも定期的に体調を崩した。そんなとき、彼は水道の蛇口をゆるめ、水滴がポタポタとしたたる音が聞こえる状態で眠る。「それがなければ自分が生きているかどうかさえわからなくなってしまう」（『聖の青春』）からだ。

そんなハンディを背負いながらも、スピード出世を続けたが、18歳の頃から意外なことを口にし始める。

「早く名人になって、将棋をやめたい」

というものだ。「生きているものを殺すのはかわいそう」だと、虫も殺さず、自分の爪や髪も切るのが苦手だった彼は、勝つことが相手の生活をおびやかすプロの将棋の世界をつらくも感じていた。その姿は棋士というより、八木重吉や立原道造のような夭折詩人のそれを想わせる。そして彼も、若くして亡くなるのである。

「生きているものを殺すのはかわいそう」——村山聖

27歳の秋、血尿に悩まされるようになり、医師からは「神経性のものだろう」と診断された。が、翌年、地元の広島で精密検査をしたところ、膀胱ガンであることが判明。名人戦の予選にあたる順位戦のランクもB級に陥落した。捲土重来を期し、6月に膀胱摘出の大手術を受けて、復帰。再発防止のため、抗ガン剤と放射線による治療を勧められたが、思考への悪影響を懸念し、これは拒絶する。そして、翌年2月にはA級返り咲きを果たすのだが……。

その直後、ガンの再発がわかり、1年間の休場を決意。相変わらず痛み止めは将棋のために拒絶し、治療に専念したが、転移が進み、8月8日にその命が尽きた。最期の言葉は「二7銀……」といううわごとだったという。

その8年後の8月9日、やはり夭折した天才がいる。女子砲丸投の森千夏だ。日本記録を何度も塗り替え、この種目の日本人で初の世界選手権へ。平成16年のアテネ五輪にも出場した。しかし、原因不明の体調不良により、予選落ち。帰国後、膀胱炎と診断されたが、実際には虫垂ガンを発症していた。

平成17年に手術を受けたものの、完治にはいたらず、翌年4月、新たな治療法に取り組むための支援を母校や日本陸上連盟、友人らが呼びかけた。そのなかには、実業団同期入社で仲のよかった池田（現・井村）久美子もいる。走り幅跳びの日本記録保持者で「イケクミ」の愛称で親しまれた美人アスリートだ。治療の甲斐なく、4ヶ月後に亡くなった森の葬儀では、

「新幹線で大きな声でおしゃべりしてたら、周りのお客さんに怒られたこともあったよね。紫が大好きで『久美ちゃんこれ買ったよ』って、トトロの人形とかよく見せてくれたよね」

と、思い出を語った。弔辞というより結婚式の祝辞のようにも思えるが、それだけ若すぎる26歳での死だったのだ。

話を村山に戻すと、ライバルであり、友人、そして同志のような存在が羽生だった。死の2年

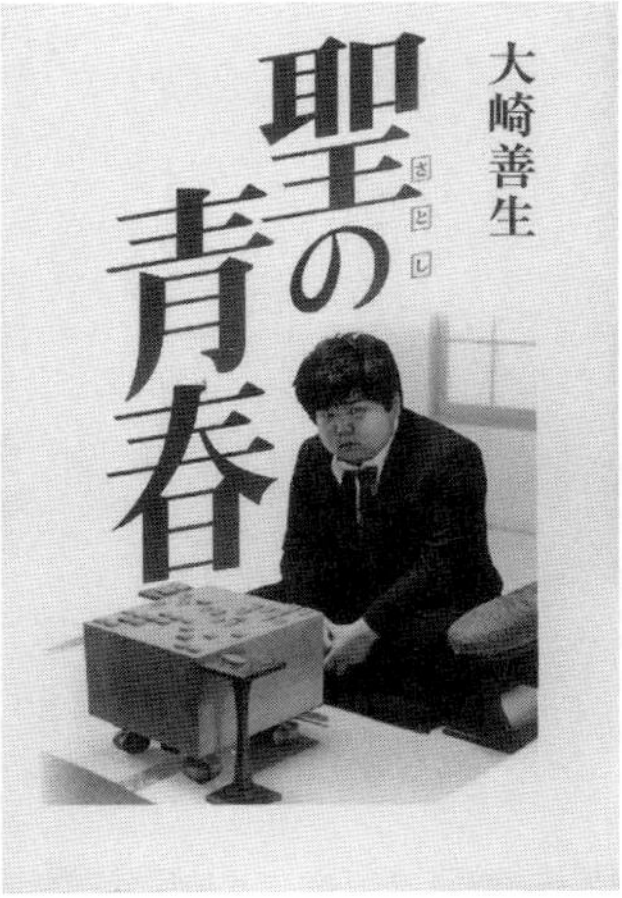

著者の大崎はこのデビュー作の成功を機に、作家に転じた。巻末には、公式戦全記録や熱戦譜も添えられている。

後には『村山聖名局譜』を同世代の先崎学とともに著している。『聖の青春』の大崎による書評の一部を引用してみよう。

「羽生にとっては村山、村山にとっては羽生という存在こそが自分の天才性を証明し、自分というものを定義づけ、なおかつ棋譜という一枚の絵を描くための共同制作者なのである。（略）村山が死んだということは、羽生もまた自分が描くべき一枚のキャンバスを失い、そのことによってどこかある部分で確実に自分も死んでいるのである。その慨嘆こそが棋士の友情の最深の姿なのかもしれない」

とはいえ、その喪失感がある限り、羽生のなかで村山は生き続ける。たとえば彼は理恵夫人に、村山の師匠である森信雄が可愛いうさぎを飼っている話を何十回としているらしい。

ふたりの結婚式にも出席し、甘いデザートを美味しそうに食べていたという村山が知れば、笑顔を浮かべそうな話だ。『聖の青春』によれば、彼は「他愛なくそして穢れのない」「ふわふわとした綿菓子のような」おとめちっく系の少女漫画を愛していた。なかでも好きだったという太刀掛秀子は、そこに病気や死の影も感じさせる作風で知られる。そういうところが自分の身の上にも感応したのだろう。勝負には闘志を剥き出しにしながらも「あんなかわいいやつはいなかった」と偲ばれるような人柄だった。

砲丸投の森についても「無邪気と言ったら失礼かもしれませんが、そのくらい純粋さを、接している人間に感じさせる選手でした」（寺田辰朗）という人物評がある。

夭折の天才は、どこか無垢であどけない印象を残すものなのかもしれない。

人はなぜガンになるのか

●出門英（元年・47歳）●今敏（22年・46歳）●永沢光雄（18年・47歳）
●アラン・ブース（4年・46歳）●杉村太郎（23年・47歳）

人はなぜガンになるのか。百年前の医学界では、先天的なものに理由を求める「素因説」と後天的なことによるとする「刺激説」とで意見が分かれていた。このうち、後者を立証したのが山極勝三郎だ。

平成30年には『歴史秘話ヒストリア』が「まぼろしのノーベル賞　世界初！がんを作った男」と題し、彼をとりあげた。煙突掃除夫にガンが多いことから、煤に着目し、ウサギの耳にコールタールを塗る実験を繰り返して、大正4年、ガンを発生させることに成功。ここにおいて、コールタールの発ガン性が確認された。

しかしながら、何をしたらガンになるという明確な因果関係はそれほどあるものではない。アスベストと悪性中皮腫についてはよく知られているものの、なりやすさには個人差もあるだろう。タバコと肺ガンにしても、ヘビースモーカーが必ずなるわけでも、嫌煙家が絶対に無縁なわけでもない。

とはいえ、ガンになりやすい生活習慣は存在するとされる。喫煙や飲酒、偏食、運動不足、ストレス過多などなど。実際、若くしてガンになる人にはそのうちのどれかが当てはまっている印象だ。

たとえば、平成元年にヒデとロザンナの出門英が結腸ガンになり、47歳で亡くなったとき、イタリア女性と結婚して食生活が変化したことが影響したのでは、という声が出た。結婚による影響はともかく、彼は大の肉好きで野菜嫌いだったらしい。しかも、母親がガンで早死にしているという。これについてはもとから「素因」のある人がよくない「刺激」によって罹患の確率を上げてしまったという仮説も成立しそうだ。

酒とタバコを両方たしなむ人が、ガンになりやすいという統計もある。亡くなったのは昭和62年だが、石原裕次郎がそうだった。43歳で舌ガンになり、46歳のときには解離性大動脈瘤から奇跡の生還。これを機に節制するようになったものの、49歳で肝細胞ガンになり、52歳で世を去った。「これでおよしよ」と歌い出す『ブランデーグラス』のジャケットはタバコをくゆらせる写真。ちょっとせつなく感じたりもする。

ただ、裕次郎が裕次郎であるために、酒とタバコはなくてはならないものでもあったのだろう。そういう人は他にもいる。『PERFECT BLUE』や『千年女優』で知られるアニメ監督・今敏だ。彼はブログに「ニコチンとカフェインとアルコールで動くのだ、私のエンジンは。燃費はすこぶる悪い」と書き、こんな自己弁護もしていた。

「こうして頭の活動に異常を来した場合や、特にコンテなどの一番頭を使う作業ではニコチンとカフェインは欠くべからざるアイテムです。不健康と創作を引き替えにしているといえばロケンロール魂に通じるかもしれませんが、単に意志が弱いだけです」

平成22年、膵臓ガンのため、46歳で死去。ガンに限らず、座ったままの時間が多い生活は大病を招きやすいともいわれるが、アニメやマンガ、ゲームなどのクリエーターが若くして亡くなると、そういうことにもなにか納得させられてしまう。

かくいう筆者も「座る系」の仕事であり、酒も好きだ。しかし、タバコは生涯一度も吸ったことがないので安心したいところだが……。

酒を「百薬の長」にできる者などめったにいないし、この人は酒のせいでガンになったのかなと感じることもよくある。たとえば、永沢光雄だ。

これは『恋の町札幌』とのカップリングシングルだが、写真は『ブランデーグラス』のものが使われている。

「彼にとっての酒は、他人とよりも、過剰な自意識とつきあうための潤滑剤なのだ」

——永江朗

平成8年にインタビュー集の『AV女優』をヒットさせ、小説も書いた。『噂の真相』の「メディア異人列伝」に登場したときには、取材者の永江朗に対し「酒を飲めるところ」でと場所を指定し「素面では妻とともまともにしゃべれないんで」と説明したという。そのあたりについて、永江はこう分析している。

「永沢光雄はナルシストである。（略）彼にとっての酒は、他人とよりも、過剰な自意識とつきあうための潤滑剤なのだ」

この取材中も午後3時から5時までの2時間で、アーリータイムズのトリプルをオンザロックで2杯飲んだという。そんな永沢の睡眠時間は、普通の大人の2倍で、16時間以上。永江はこの記事をこう結んだ。

「16時間寝てなければ、彼はとっくにあの世に行っているだろう」

たしかに、である。酒呑みの肝臓には休息が必要でそれには睡眠がいちばん。このときはなるほど、そうやって彼の健康は維持されているのだと思ったものだ。

しかし、この3年後、永沢は咽頭ガンになり、声帯を失ってしまう。そこから4年生きたが、平成18年、アルコール性の肝機能障害のため、47歳で亡くなった。

そしてもうひとり、アラン・ブースという酒呑みの物書きがいた。英国人だが、昭和45年に来日して旅をするうち、紀行作家となり、平成4年には『津軽——失われてゆく風景を探して——』を上梓した。太宰治の『津軽』を片手に昭和末期の津軽を旅して、その記録をリアリズムとユーモアで描いた傑作である。

紀行文の第一人者・宮脇俊三も「感心をこえて感嘆した」と書評に記したほどだが、こうも付け加えた。

「が、ひとこと。ブース君、あなたはお酒の飲みすぎですよ。自分が酔っぱらった状態を活写するのは至難のわざで、それができたのは内田百閒だけだと思っていたが、ブース君は自己の酩酊時を正確に記録している。天晴だが、自制して、よい旅をし、よい旅行記を書いてほしい」

単行本の3年後に出た文庫版。あとがきは飲み仲間でもあり『納棺夫日記』(『おくりびと』の元ネタ)などを世に出した編集者(享年45)への追悼である。

しかし、宮脇はこの付け加えを後悔することになる。平成4年の1月、すなわち前出の本が出る9ヶ月前にブースは大腸ガンと診断され、見通しの暗い闘病のなかにいた。宮脇は彼が46歳で死んだあと、

「たぶん私の一文を病床で読んでくれたと思うが、私の『忠告』をどんな気持ちで読んだのだろうか。余計なことを書いてしまったと、胸が痛む」

と書き、そのうえで、遺稿となった闘病記『背負い込んだ「厄介もの」』についても賞賛した。

「これは『闘病記』ではなくて『旅行記』なのだ。舞台が津軽や飛騨から病院に移ったにすぎない。その筆致は『津軽』とおなじで、随所に挿入された日本論も、元気に歩き飲んでいたときと変りなく、のびやかである」

たしかに、ブースはその最終回でも、死出の旅をしているかもしれない自分自身を見事に活写している。

「さてその状況も変わって、最近のレントゲン写真は、癌が両肺にかなりあり、驚くべき割合で繁殖しつづけている事実を示している。じっさいそのレントゲン写真は、素人のぼくの目には、クラカトアが二つ並んで噴火しているのに似ていなくもない一大スペクタクルを呈していた。(略)ということで、新しい局面においては、あと六ヶ月以上生きられると期待してはいけないともいわれた。そこでぼくは、奇跡というものはひとまずおくとして(これとてむろん除外しているわけではない)これが最後のコラムになるであろうと判断している」

なお、ここには彼が初期症状を軽視したうえ、最初の医師の誤診も加わって、ガンが手遅れに

なったと思える経緯も描かれている。じつは永沢にも誤診をうかがわせる話があり、気になるところだ。ガンにおいては「なぜなるのか」と同じくらい「どう見つけるのか」ということも重要だということだろう。

ところで、格闘家や歌舞伎役者などにも大病、特にガンで早世する人が多い印象がある。こちらは「座る系」の職業ではないが、豪放な生き方を尊ぶ世界でもあり、ともすれば摂生をおざなりにする人も少なくないということだろうか。要は「無茶」を好むということだ。

「死ぬ気でやれよ。死なないから」——杉村太郎

そこから思い出すのが、杉村太郎である。慶應大からエリートビジネスマンとなったが、平成元年に男性デュオのSHINE'S（シャインズ）としてもデビューし『私の彼はサラリーマン』をヒットさせた。その後、就活大学生の啓蒙を目的とする「ジャパンビジネスラボ」を設立し、自己研鑽の場としての「我究館」館長となる。自らもハーバード大に留学して、頻繁に日米を往復しながら『絶対内定』『アツイコトバ』などの本も書いた。

しかし、40歳前後で原発不明ガンを発症し、平成23年、47歳で死去。6年後、未亡人の杉村貴子が『杉村太郎、愛とその死』という追悼本を出し、その感想をかつての相方・伊藤ようすけがブログに綴った。杉村の「無茶」ぶりもうかがえる内容だ。

「シャインズの活動時代、太郎はとにかく睡眠を拒んだ。曰く『もったいない』と。『そんなん

じゃ、体壊すから。体壊したら、みんなに迷惑かかるから』そう、説得しても、頑として聞き入れてくれなかった。この本ではガンの告知後、そんな生き方に拍車がかかった様子が克明に描かれている。『死ぬ気でやれよ、死なないから』太郎が残した言葉だ。意地悪い人は『死ぬ気でやったら、死んじゃったじゃん』と言うかもしれない。でも死ぬ気でやったその姿は、周囲の心の中に今も生き続け、確実に影響を与えている。だから、杉村太郎は死んでなんかいない」

シャインズが世に出た年、栄養ドリンク・リゲインのCMコピー「24時間戦えますか」が流行語になった。大ヒットしたCMソング『勇気のしるし』（牛若丸三郎太）は『私の彼はサラリーマン』の翌月の発売だ。そんな時代の精神を生涯にわたって体現し続けたのが、杉村なのである。

その精神とは「無茶」をする快楽とでもいうべきものだ。それによってもたらされる「刺激」は大なり小なり、人には心地よいものだろう。結局のところ、人は刺激の誘惑から逃れられないのではないか。

冒頭で、ガンの発生について「刺激説」というものに触れた。人はなぜガンになるのかというテーマの答として「人は刺激を求めてしまうから」ということもいえるかもしれない。刺激を極力避け、あるいは極力健全なバランスで刺激をコントロールすれば、ガンになるリスクも減らせそうだが……。そういう生き方はどこか味気なく思えなくもない。

医学とガンと幸せと

●川島なお美（27年・54歳）●筑紫哲也（20年・73歳）●眉村卓の妻（14年・67歳）●中村勘三郎（24年・57歳）
●野際陽子（29年・81歳）●渡瀬恒彦（29年・72歳）●菅原文太（26年・81歳）●今井雅之（27年・54歳）
●木村修一（18年・55歳）●三笠宮寛仁（24年・66歳）●安崎暁（30年・81歳）●田中好子（23年・55歳）

ガンとの闘い方はさまざまだ。ただ、そこには限界も存在する。病院で受けられるのはもっぱら手術、抗ガン剤、放射線による「標準治療」であり、それ以外の民間療法的なものは「代替医療」と呼ばれ、あまり評判がよくない。

外科医の中山祐次郎によれば、米国で「代替医療を受けた群」と「病院の従来の標準治療を受けた群」の5年後の生存率を比べる調査をしたところ「代替医療を受けた人は、従来の標準治療を受けた人よりも2・5倍もの高い死亡のリスクがあった」という。しかも「驚くべきことには、代替医療を選ぶ人は高学歴や経済的に恵まれた人々であった」として、彼はこう続ける。

「言われてみれば、最近の報道を思い返すと、がんで亡くなった有名人の多くが代替医療を一度は選んでいました。川島なお美さんが『金の棒でこする』というものでがん治療をしていたという報道を覚えている方もいるでしょう」

川島は平成27年、胆管ガンにより54歳で死去。ほかに、小林麻央は「水素温熱免疫療法」を取り入れていた。のちにノーベル賞を受賞する本庶佑に主治医を通してガン細胞を送り、特別な抗ガン剤の開発を依頼してもいたという。かかった総治療費は1億円ともいわれるが、死後、温熱療法のために通ったクリニックの院長が無届け医療で逮捕されるという事件も起きた。

また、忌野清志郎（平成21年・咽頭ガンからガン性リンパ管症・享年58）や緒形拳（平成21年・肝ガン・享年71）は「玄米菜食法」を行なっていた。筑紫哲也（平成20年・肺ガン・享年73）は「これまでも大きな病気をしたことがないのは、東洋医学のおかげだ」という持論から、抗ガン剤を途中でやめ、鍼やマッサージによって引き出される自らの回復力に希望を託したという。

それが正解だったかどうかはさておき、代替医療はカネがかかるので、裕福でないとできない。それに加え、有名人が代替医療にはまりがちなのは、彼らが学歴をはじめ、才能と努力によって得たもので名を成した人たちだからだろう。さらに、思考もかなり個性的だったりもする。そういう人たちが、誰でも受けられるような「標準治療」に飽き足らず、よりよい特別な効果が得られるかもしれない代替医療にも期待するのはむしろ当然だろう。

海の向こうでは、スティーブ・ジョブズがガン宣告から9ヶ月間、手術を受けず、東洋的な民間療法に賭けた。しかし、悪化してしまい、後悔したともされる。この人など、裕福で個性的な、才能と努力による成功者の最たるものだ。

もちろん、彼らには彼らの美学や事情がある。川島が手術や抗ガン剤を選ばなかったのは、女優業への影響を避けるためだったし、深作欣二（平成15年・前立腺ガン・享年72）はホルモン療法が性欲減退や勃起障害につながるとしてこれを拒んだ。

「気持ちを明るく持つと病気にもいいという話を思い出して、一日一話ずつ書き始めた」

――眉村卓

そんななか「気の持ちよう」に着目したのが、作家の眉村卓だ。大腸ガンを患った妻のために、彼がしたことは『僕と妻の1778の物語』という映画にもなった。

「病気のことを調べても医者じゃないから治すことはできない。笑ったりして気持ちを明るく持つと病気にもいいという話を思い出して、ものを書いている人間なので、おもしろい話を書いて

ドラマ『失楽園』そして「私の血はワインでできている」などの発言で、注目を浴びた川島なお美。歌手としてのデビューも、ワインつながりだった。当時18歳。

読ませてあげることはできると思った。それで一日一話ずつ書き始めた」

これが奏功したのか、余命1年といわれた妻は5年近く生きた。それを示すのがまさに「1778」という数字なのだ。

とまあ、標準治療が絶対ではなく、代替医療がダメなわけでもない。レコード会社の社長として小室哲哉や東方神起らを手がけ、ゲーム機・プレイステーションの開発にも貢献した丸山茂雄は66歳のとき、末期の食道ガンであることがわかり、余命4ヶ月を告知された。

しかし、半年後にガンはほぼ消えたという。標準治療にも取り組んだが、

「家にワクチンがあったからね。放射線、抗がん剤治療を受ける前から、自宅でワクチンを打つようになりました。そうしたら、ふさがっていた喉が、少しずつ広がっていく感覚があった。水も飲めるようになったし、食事もとれるようになった」

じつはこの人「丸山ワクチン」の開発者・丸山千里（平成4年没）の息子だった。このワクチンは昭和50年代、ガンの特効薬として評判になったものの、認可されず、健康保険はきかない。一説には、開発者がガンの専門家ではなかったことで、権威たちから黙殺されたのだという。それでも、自費診療のかたちで今なお使われている。

本人が「人にもよるんだろうけど、俺には丸山ワクチンはよく効いていた」と言うように、この場合、代替医療がうまくいったのだろう。

かと思えば、早期の食道ガンだったのに、発見から半年で亡くなった人も。中村勘三郎（18代目）だ。平成24年6月、ガンが見つかり、翌月に手術。経過は良好とされたが、8月に肺炎を起

こし、ARDS（急性呼吸窮迫症候群）に罹患していることが判明した。早ければ数時間で死にいたる病で、治癒率は最先端の医療をもってしても50％前後。それでも、役者としての復帰が絶望となる人口肺を装着し、せめて命だけでもつなごうとしたのだが……。苦渋の決断も実らず、12月に57歳で人生の千秋楽を迎えた。

ガンの手術を執刀したのは、やはり早期の食道ガンだった同い年の桑田佳祐を救った医師だ。勘三郎はそこに安心を見いだしていたという。ただ、患部の位置や手術にかかった時間、肉体の健康度といったものの違いによって、明暗が分かれたと考えられる。手術の9日前まで舞台に上がり、手術翌日に20メートル歩いてみせた勘三郎にとって、無念というほかない最期だろう。

要は、闘う病気になったとはいえ、遅かれ早かれ、死は訪れる。ガンになったことで限りある

映画では草彅剛と竹内結子が夫婦を演じた。設定が若返ったことで、眉村は「二人でひたすら頑張っていた」頃を思い出し「懐かしかった」と語っている。

命を実感し、人生の残り時間を意識する人は今も多いはずだ。そこでどうするか。日本人には、ギリギリまで働くことを幸せとする人が目立つ気がする。

たとえば、野際陽子の場合、平成26年に肺腺ガンが見つかり、闘病生活に入ったが、そこに気づく人は皆無に近かった。それまで同様、ドラマなどに出演していたからだ。平成29年5月に最後の入院をしたときも昼ドラの『やすらぎの郷』が放送中で、その前日まで収録をこなしている。現場には、鼻にチューブをつけた状態で来たという。

それから37日後に、81歳で死去。制作側の配慮で、重要なシーンは撮り終えていたため、9月の最終回まで彼女の出演は続いた。また、亡くなった11日後には遺作となった映画が公開され、翌年正月放送の『必殺仕事人２０１８』にも出演。１年近く前に『やすらぎの郷』と並行して収録をこなしていた。

同じ年の3月に他界した渡瀬恒彦の去り際も、強いインパクトを残した。2年前に胆嚢ガンがわかり、余命1年と宣告されながら、翌年、ライフワークと自負していた主演ドラマ『警視庁捜査一課9係』のｓｅａｓｏｎ11を完走。次のｓｅａｓｏｎ12にも意欲を燃やしていたが、スタート１ヶ月前の3月14日に力尽きた。それゆえ25、26日に放送されたスペシャルドラマ『そして誰もいなくなった』が遺作となる。

ここで彼は元・判事の完全犯罪者を演じた。自殺したあとに見つかるようにしたビデオで、すべてを告白するラストシーンは圧巻。「私は末期の肺ガンだ。余命いくばくもない」という設定なので、管をつけ、痛み止めを飲みながら、

「正直に言う。私は私の手で人を殺してみたくなった。だから、判事を辞めた。ありきたりの殺害方法じゃだめだ。今まで誰もやったことのない、今までどんな作家も書いてない、素晴らしい殺害方法で人を殺してみたくなった」

などと語りかける。それは役者人生の後半をもっぱら刑事などの「正義」側ですごした彼自身との符合と落差も生み、遺作にふさわしい迫力と感傷をもたらしたのである。

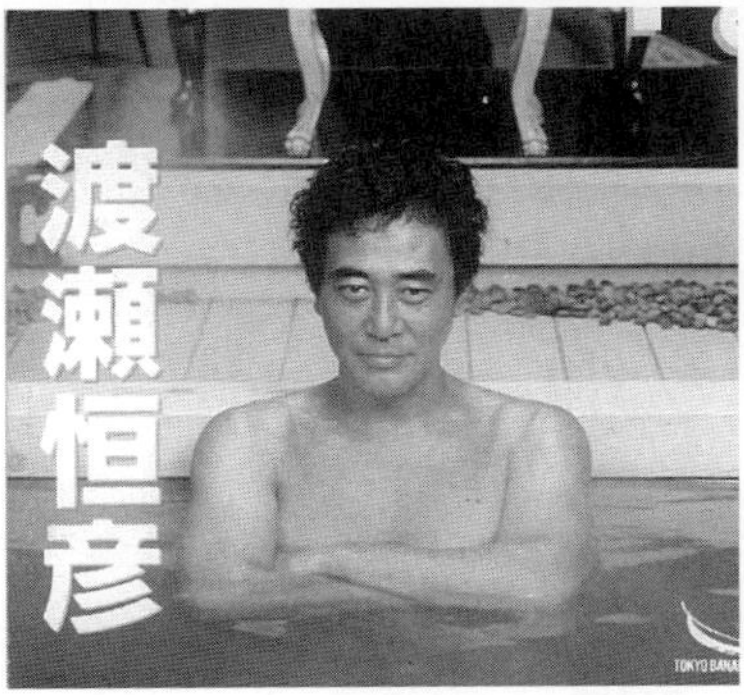

(上)女優としての出世作『キイハンター』では主題歌もうたった野際陽子。(下)平成3年、バスクリンCMのコミカルな歌とキャラでファンを広げた渡瀬恒彦。

「そんな数字に比べればガンは全然怖くないよ（笑い）」――菅原文太

同世代の役者では、菅原文太のように晩年、仕事の方向性を変えた人も。膀胱ガン判明の2年後、山梨県で有機農業に取り組み始めた。インタビューでは、日本の有機農作物の割合が全体の約0・2％にすぎないことを挙げ、

「そんな数字に比べればガンは全然怖くないよ（笑い）。いままでは考えもせず農薬漬けの作物を食べてきたけど、それが最近いくらか意識が変わってきた」

と、語っていたものだ。発病から7年たった平成26年、81歳で死去。遺作は細田守のアニメ『おおかみこどもの雨と雪』でヒロインに農業を教える無骨な老人役だった。

ほかには、愛川欽也（平成27年・肺ガン・享年80）が亡くなる前月まで『出没！アド街ック天国』の司会をしていたし、歌手では島倉千代子（平成25年・肝臓ガン・享年75）のように、死の3日前、自宅に特設されたスタジオで最後のシングルを録音した人もいる。また、デヴィッド・ボウイ（平成28年・肝ガン・享年69）は最後の誕生日に発表したアルバムでファンに別れを告げ、2日後に世を去った。

芸能リポーター・梨元勝は平成22年、末期の肺ガンを公表。そこから2ヶ月半で亡くなったものの、抗ガン剤治療を受けながら病室から携帯サイトで情報を発信していた。最後のスクープは、死の4日前である。

スポーツ界ではプロレスのジャイアント馬場が平成11年、61歳で急逝。23日前に手術したが、結腸腺ガンが肝臓、肺、腎臓にも転移し、手がつけられない状態だったという。にもかかわらず、この巨人は前月までリングで試合をしていた。

自衛隊出身の役者・今井雅之の54歳での死も壮絶で、さながら戦死だった。平成26年11月、末期の大腸ガンであることがわかり、約半年後に公表。そのあいだに一度『朝だ！生です旅サラダ』で見かけ、その憔悴ぶりに驚かされたものだ。大病をしたと明かし、それでも旅レポをしながら、元気になったとアピールしていた。

晩年の生活が活かされた平成24年公開の遺作。文太はパンフレットのなかでも、農業の魅力を語っている。

5月にはライフワークでありながら降板を余儀なくされた舞台『THE WINDS OF GOD』であいさつだけしたものの、この23日後、他界。医師から緩和療法を勧められる状態になってもなお、病院から舞台の稽古に通っていたという。

同業者として胸をしめつけられたのが、木村修一というライター兼編集者の最期だ。平成18年、55歳にして初の本格的ノンフィクションとなる『早実vs.駒大苫小牧』(中村計との共著)を上梓。ハンカチ王子こと斎藤佑樹とマーくんこと田中将大の名勝負を描いたものである。取材開始からひと月半で寝る間も惜しみ、一気に書き上げたが、発売当日、スキルス性の胃ガンが判明。胃もたれなどの自覚症状はあったものの、執筆を優先して検査をあとまわしにしたため、発見が遅れたようだ。

妻には「闘病生活に入ってしまうと原稿が書けなくなっていたから、この仕事が先に出来て良かった」と言い「生還したら今度は闘病記を書くから」と明るく語っていた、とも。本の発売から50日後に旅立ったが、高校球児が賭けるひと夏のような、熱い季節をすごしたのだろう。

「皆さん、なぜ闘病とおっしゃるのか、私にはよくわからない」

――三笠宮寛仁

対照的に、人生の3分の1をガンとすごしたのが、三笠宮寛仁親王だ。平成2年の食道ガン発症に始まって、平成24年に66歳で亡くなるまで、十数回の手術を経験。『癌を語る』という著書まで出した。さぞかしつらい後半生だっただろうと想像してしまうが、意外にもこんな発言をしている。

「ただ、癌というのはどこにいるんだかわからないわけですね。癌というとみんなビビるけれども、自覚症状があっても『何かおかしい』程度ですからね。ですから、皆さん、なぜ闘病とおっしゃるのか、私にはよくわからない」（『週刊朝日』）

ガンになったり治ったり、再発したりという日々が10年20年と続けば、そんな境地にもなるのだろうか。「ヒゲの殿下」一流の諧謔もまじっている気がするが、この人は皇族にしては奔放な生き方を貫いた。そこには病身による開き直りも作用していただろう。ガンをただ敵視して苛立ったり深刻に考えすぎるより、こうした姿勢で向き合うのもありかもしれない。

また、勝てないケンカはしないというやり方もある。建設機械のコマツで会長まで務めた安崎暁は平成29年「感謝の会」と題した生前葬を催した。胆嚢ガンが見つかったものの、肝臓や肺にも転移していて、手術もできない状態だったのだ。そこで放射線や抗ガン剤を使うこともあきらめ「クオリティオブライフ」優先の最期を選んだという。

若い頃は「火砕流」と異名をとるほどのビジネスマンだったが、退任後は囲碁やゴルフに興じ、回想録を自費出版するなど悠々自適の日々。さらに、推理小説を書くつもりだったものの、そこまでの時間がないとわかったことにより、このイベントを開くことにモチベーションを見いだしたのだった。

「人生楽しかった、と言って棺桶に入りたい」

というのが持論で、翌年、81歳でこの世に別れを告げた。

「いつの日か、妹、夏目雅子のように、少しでも恩返しが出来るように復活したい」
――田中好子

とはいえ、未練なく旅立つことは難しい。田中好子（平成23年・乳ガン・享年55）は、亡くなる1ヶ月近く前にメッセージを吹き込み、それが葬儀で流れた。東日本大震災の被災者の冥福を祈りつつ「私も一生懸命病気と闘ってきましたが、もしかすると負けてしまうかもしれません」として、こんな願いを吐露。

「いつの日か、妹、夏目雅子のように、支えて下さった皆さまに、社会に、少しでも恩返しが出来るように復活したいと思ってます」

白血病のため、27歳で夭折したあと、ガン患者にカツラを無償で貸し出すための基金が設立された義妹の話に触れ「その日まで、さようなら」と結んだのである。

田中は昭和55年、連ドラで夏目と共演して親友関係になった。夏目の死はその5年後だが、生前「好子ちゃんには、うちのお兄ちゃまなんかがいいんじゃない？」などと勧めていたという。

それが平成3年に現実となり、田中は夏目の兄である小達一雄と結婚。ただ、相手はバツ2で、じつは略奪愛だったのではとも噂された。しかも翌年、田中は乳ガンを発症。その後も再発するなどして、不安を抱えながらの日々が続いていく。また、彼女の弟も骨肉腫で若死にしていた。

そのうえ、夫は愛人を作り、子供までいたことが死後に報じられたが、田中も勘づいていたとされる。

女優としては『家なき子』や『神様、もう少しだけ』『ちゅらさん』といった人気ドラマで母親役を演じ、高く評価されたものの、私生活での不全感はくすぶっていたようだ。そして、平成22年の乳ガン再発は肺や肝臓にも転移する事態に。それまで以上に死を身近に感じ、この世からいなくなったあとも存在感を失わない夏目のあり方を意識するようになったのだろう。

メッセージでは、

「もっともっと女優を続けたかった」

どちらも昭和52年のシングル。キャンディーズ(上)は9月、夏目雅子(下)は6月のリリースだ。14年後、田中は夏目の兄と結婚する。

としながらも、それはもう無理だとあきらめ、夏目のようになることを切望したのである。その願いについて「カズさん、よろしくね」と、夫への念押しの言葉も付け加えた。これは現在「田中好子『いつもいっしょだよ』基金」というかたちで実現している。東日本大震災からの救済に役立てたいという趣旨のものだ。

ガンとの闘い方は、本当にさまざまだ。が、日本人のふたりにひとりがかかるといわれ、死因の第一位でもある今、その闘いはどれも切実に感じられる。

第三章

自らを殺すという生き方

人類最後の難病か

強い自分を守る選択

●伊丹十三（9年・64歳）●江藤淳（11年・66歳）

自らを殺す、と書いて自殺。だが、それはある意味、自らを守ることでもあるのかもしれない。

たとえば、平成9年12月20日に64歳で飛び降り自殺した映画監督・伊丹十三は遺書にこう記した。

「死をもって潔白を証明します。何もなかったというのは、これ以外の方法では立証できないのです」

じつはこの2日後、写真週刊誌の『FLASH』に「伊丹十三監督が援助交際!?26歳OLとのデート現場」と題した記事が掲載されることになっていて、本人もコメントを求められていた。

そのなかで彼は、

「OLの生活ぶりを取材しているだけ。肉体関係はないし、五十万円は貸したもの」

と説明しており、それゆえ「死の抗議」を行なったと見ることもできたが……。伊丹といえば、平成4年に市民と暴力団との戦いを描いた『ミンボーの女』が公開された際、ヤクザに襲撃されて重傷を負いながらも「暴力による言論圧殺には徹底抗戦する」と、屈しなかった男だ。病院に運ばれるときには、ピースサインまでしてみせた。それがこの程度のことで自殺するだろうかという声があがり、真の原因探しが始まったのである。

いわく、初老期の鬱状態だったとか、最新作『マルタイの女』が当たらず、行き詰まっていたとか、前述の襲撃からの流れで暴力団の恨みを買っていた、などなど。さらには「幼児プレイ」などの性癖をバラされたくなかったとか、覚醒剤に手を染めていた、といった説も飛び出した。

自殺直前には事務所にこもって、情報をかぎつけたメディアからの電話に自ら対応していたが、芸能記者によると、

「必死に記事の内容を聞きたがってたんですよ。かといってゲラ刷りをFAXしてくれという要求はしない。気にしていることをさとられたくなかったんでしょう。プライドの高い人ですからね」

ということで、本人も疑心暗鬼だったことがうかがえる。

「宮本さんのことよろしくね。日本一の妻で、母で、女優ですからね」

——伊丹十三

そのあいだ、大量のアルコールを飲み、飛び降りたときは酩酊状態だった。開かれたままのパソコンには、伊丹映画のヒロインでもある妻・宮本信子の姿が映し出され、マスコミ宛ての遺書に、

「次回作の製作発表で会いたかったね。宮本さんのことよろしくね。日本一の妻で、母で、女優ですからね」

という伝言も記されていた。

なお、伊丹は著述家としても知られていたが、この2年後には高名な文士が自殺している。文芸評論家の江藤淳だ。

こちらは、平成11年7月21日に自宅浴室で手首を切り、66歳で命を絶った。その8ヶ月前には、妻が病死。その後、後追い願望を連想させるような文章も書いていたことから、新聞には「みとった妻　追うように」などの見出しが躍った。

実際、妻に先立たれたあとの衰えは周囲が同情するほどで、遺書にもこうある。

「心身の不自由は進み、病苦は堪え難し。去る六月十日、脳梗塞の発作に遭いし以来の江藤淳は形骸に過ぎず。自ら処決して形骸を断ずる所以なり。乞う、諸君よ、これを諒とせられよ」

また、フェミニストの斎藤美奈子はそこに日本の男性の脆さを見た。自殺者の男女比が男性優位で、かつ、中高年男性で激増していることをひきあいに出して、母の庇護や妻による世話が常態という「殿様性」が、先立たれる「覚悟」を持てなくさせているのではというわけだ。

たしかに江藤は、そういう「殿様」の典型だった。身の回りの世話だけでなく、原稿を書く際も常に妻をそばに座らせ、感想も彼女にだけ聞いて、その賞賛で自信を得ていたという。

そういえば、江藤の数ヵ月後に生まれた伊丹もまた「殿様」型の男性だったようだ。死から10年後、宮本がこんな回想をしている。

「最初は同じ土俵に立ってる夫婦関係じゃなくて、先生と生徒の関係だったので。（略）たとえば、おそばなんて三回ぐらい茹で直したりしましたよ。厳格で、ダメだと食べてくれないから。（略）

私たちは『結婚したら最後まで添い遂げよう』という教育を受けてるので、我慢するのは女だと思って生きてきましたから」

だとすれば、伊丹が死をもって潔白を証明しようとした相手は誰よりも妻だったのではないか。あるいは、何かしら「殿様」にふさわしくないことをして恥じるがゆえの切腹だったのかもしれない。

ところで、江藤が平成元年に発表した『昭和の文人』という評論がある。そのなかで彼は、病弱だった若い頃にかぶれた堀辰雄を徹底批判した。日本人として自らの出自を含めた土着的リアリティと向き合うより、ハイカラな虚構空間に逃げたと指摘し、こう断じている。

「堀辰雄はその意味で、ほとんど戦後を、いや現在をも先取りして憚らぬ毒を含んでいた。このような文学に耽溺していたら、肺結核は治らないと思った三十五年前の直観は、少しも間違っていなかったと、私はあらためてそう思わざるを得なかった」

ちなみに、堀は江藤と対照的な死に方をした。理想視していた師の芥川龍之介が自殺したことにショックを受け「正反対なやり方をしようと決心して、生きてきた」結果、十年近い寝たきり生活の末、病死するのである。

未亡人の回想によれば、晩年、

「僕が自殺をしたら、僕の今までの作品はみんな僕と一しょに死んでしまうだろう」

と語っていた。そして「人間の苦しみには限界があって、その極限が死なのだ」という言葉を知り、

「死が来るまでは苦しみに耐えられるというわけだな」

と、救いを見いだしていたという。

ただ、前述のフェミニズム的見地に立てば、堀には看取ってくれる妻がいたのに対し、江藤にはもういなかった。強い自分を守るには、自殺するしかなかったともいえる。

平成のユッコたち

●上原美優（23年・24歳）●ＡＹＡ（22年・30歳）●甲斐智枝美（18年・43歳）●松本友里子（22年・42歳）●清水由貴子（21年・49歳）●大本萌景（30年・16歳）●南条あや（11年・18歳）

アイドルの自殺、と聞いて、何割かの人は岡田有希子を思い出すだろう。昭和61年の春、事務所のあるビルの屋上から飛び降り、18歳で死去。若者を中心に数多くの後追いも出て「ユッコシンドローム」という言葉まで生まれた。

彼女のように、若くして自ら命を絶ったアイドルは平成の世にもいる。たとえば、グラビアや大家族をネタにしたトークで人気を博した上原美優だ。平成23年5月12日の未明、自宅マンションで首を吊り、24歳で帰らぬ人に。一緒にいた恋人に席をはずすよう頼み、そのあいだに決行したという。

ただ、この恋人との関係は微妙で「合鍵まで持っている仲だったのに、カレは救急車に乗りませんでした」（彼女の知人）という証言も。実際、彼女は亡くなる2日前、ブログにこう綴っていた。

「恋多き女だった私が、恋の仕方も、恋愛の仕方も、リアルにわかんなくなってる　てか完全焦ってるな私」

また「貧乏アイドル」として「草を食べていました」などと発言して売れたわりに、メンタルは脆かったようだ。自伝によれば、ハタチのときにも失恋直後に睡眠薬自殺を図ったという。そんな彼女にとって大きな痛手となったのが、前年3月、母が心筋梗塞で急死したことだ。10人きょうだいの末っ子だった彼女は母が大好きで、かけがえのない相談相手でもあった。

亡くなった翌月に文庫化された、かなり赤裸々な自伝。単行本は2年前の刊行で、その際の担当編集者が追悼文を寄せている。

「お父さん早く寝なよ。おやすみ」
――上原美優

それ以来、仕事でもミスが目立つようになり、タバコの量も増えるなどした。そんななか、東日本大震災が起き、それにもショックを受ける。自殺前日には父との電話で、
「お母さんのところへ行きたい。種子島に帰りたい」
と、訴えてもいた。

その父も、その年の終わり頃にガンと診断され、娘の死から約1年後に亡くなった。彼女は最後の電話を「お父さん早く寝なよ。おやすみ」と締めくくっていたという。

平成22年10月には、30歳の元アイドルが自宅マンション（7階）から飛び降り自殺を遂げた。AYAこと牧野田彩だ。16歳のとき、小室ファミリーの期間限定ユニット「L☆IS」の一員としてデビュー。その後はレースクイーンやタレントとして活動し、平成21年からはAV女優としてそこそこ話題になったが、メジャーな芸能人とは言いがたい。にもかかわらず『週刊文春』は、その死を全4頁のトップ記事と見開きグラビアで報じた。

彼女の交遊関係が、驚くほど華やかで濃かったからだ。浜崎あゆみに酒井法子夫妻（当時）、とりわけジャニーズアイドルとの接点は多く『文春』はこんな見出しをつけた。
「『嵐』を喰った女の『告白』プライベートフォト公開」

この記事及び続編的記事によれば、彼女は嵐の5人中櫻井翔をのぞく4人と「親密な関係」だ

った。すなわち「最初にエッチしたのはマッジュン」「キスが上手だったのはサー」「（ナリナリは）カラダばっかり」「（マーちゃんとは）家族ぐるみの付き合い」などなど。これらはすべて、彼女が生前、記者に語ったことだというが、事務所は『文春』の取材に「亡くなられたとのことでもありコメントは差し控えさせていただきます」と回答した。

ただ、親密ぶりが祟り、ジャニーズから警戒されたAYAは「ブラックリストに入れられた」という。これと前後して、プライベートフォトがあちこちに流出。彼女は「もう一度CDを出したい」という夢を抱いていたが、母がガンになり、治療費を稼ぐ目的でAVへの転身を決意した。とはいえ、元小室ファミリーの経歴が売りになったのは最初のうちだけで、心身ともにやつれが目立つようになっていく。

そんな時期、雑誌のイニシャルトーク企画に登場してもらったという編集者はこんな印象を語った。

「明るくていい子なんだけど、自慢話が多くて、とにかくハイテンション。自暴自棄な感じも伝わってきました。マネージャーもいなくて、ひとりで来て、帰っていきましたね」

『サイゾー』によれば、彼女は亡くなる少し前から周囲に「自分は芸能界の大物に狙われている。殺される。助けて！」と言っていた、とも。警察にも相談したが、彼女自身の挙動も不審で取り合ってもらえなかったらしい。

彼女の死を扱った記事が出るとわかった日は、嵐が『紅白』の司会を初めて務めることが発表される日でもあった。その会見での彼らを『文春』は「マスコミから逃げ去った」と表現している。また、ジャニーズ事務所の幹部が親しい芸能記者に「かわいそうだから、そっとしておいてあげて」と、かばっていたという話も。

ただ、彼らのなかにAYAを気の毒に思う気持ちは確実に存在したはずだ。たとえば、あるメンバーは彼女が「出禁」になってからもライブに招待していたという。

残されたプライベートフォトの姿が明るい若さを感じさせる分、その最期はいっそう哀しく痛ましい。

一方、結婚して子供も産んでから、自殺した元アイドルもいる。甲斐智枝美は元ジャニーズアイドルのミュージシャン・長谷部徹の妻となり、2児の母となった。が、平成18年、自宅で首吊り自殺（享年43)。その少しあと、飲み会で知り合いのライターからこんな話を聞かされた。

「近所の花屋さんにすごく綺麗な人がいたんですけど、ニュースを見て思い当たったんですよ。あれって、甲斐智枝美だったんだって」

彼女は6年前から生花店でパートをしていて、2ヶ月前からスナックでも働き始めていた。甲斐の実父は週刊誌で夫の長谷部を批判したが、真相はさだかでない。

平成22年には、松本友里子が同じく自宅での首吊り自殺で世を去った（享年42)。松本友里の名でアイドル活動をしたあと、女優に転じ『暴れん坊将軍』で「マツケン」こと松平健と共演。その二度目の妻となり、平成18年には男の子も生まれたが……。

妻の死について、松平はこんなコメントを発表した。

「出産後、その一途な性格で子育て、母の介護など、日々完璧にこなそうと取り組んだ結果、友里子はしだいに体調を壊すこととなりました」

パニック障害や不眠症、うつ状態にも苦しんだという。さらに、介護しながらも同時に「支え」でもあった実母が死去。彼女が旅立ったのは、その5ヶ月後だ。

妻の死後、幼い息子を世話する松平のイクメンぶりが話題に。だが、平成26年には新たな恋も報じられた。松本の兄は、

「たぶん結婚はしないんじゃないかな。うちと同じお寺にお墓を買っているし（略）」

と語っていたが、翌年、松平は再々婚した。なんの問題もないこととはいえ、松本のことを想い、ちょっとだけ淋しい気がしたものだ。

甲斐智枝美のセカンドシングル。松田聖子の同期だが、そのブームには乗り切れなかった。平成2年に結婚後、次の大きなニュースが訃報ということに。

ほかには、清水由貴子が平成21年、若死にした父の墓前で自ら命を絶った（享年49）。生活保護の母子家庭で育ち、デビュー後も心身ともに病弱な母を支える日々だったという。平成19年には、母の介護を理由に引退。入力オペレーターの契約社員をしながら、他人に頼らず面倒を見ていたものの、翌年、母の状態は転倒による骨折やら認知症やらで最も重い「要介護5」まで悪化してしまった。

自殺の4日前には、今後の介護について家族の負担を減らすべく、清水もまじえて話し合いが持たれることに。彼女は「ありがとう」と答えつつ、仕事の契約を解除していた。そのうえで「お母さんと父のお墓参りに行く」と告げ、姿を消したのである。

自殺翌日、彼女は洗面器の入ったポリ袋に頭を入れた姿で発見された。液体洗剤で硫化水素を発生させ、かぶって死んだのだ。そこには、

「消防に通報してください。ご迷惑をおかけします。東京で葬儀をあげないでください」

と走り書きされたノートがあり、母は隣で車椅子に座ったまま意識を失っていた。ただ、一命はとりとめ、翌年まで生きることになる。

平成のアイドルに話を戻すと、地下アイドルとしてコアなファンを持つ「仮面女子」の月宮かれんが平成26年に死去（享年17）。事務所発表は「事故死」だったが『東スポWeb』は「自殺か」と報じた。「幼少期からメンタル面の疾患」があったという。

また、平成30年には愛媛のご当地アイドル「愛の葉Girls」の大本萌景が自宅で首吊り自殺（享年16）。その半年後、母親が自殺の原因は所属事務所によるパワハラと過重労働だったと

して訴訟を起こし、注目を浴びた。

「じゃあ、自殺に失敗したらメールするね」――南条あや

もうひとり、ネットアイドルと呼ばれた少女についても触れておこう。平成11年3月30日、18歳で他界した南条あやだ。向精神薬の大量服用（ただし、致死量以下）に、長年の自傷行為による心臓衰弱（肥大と弁の欠損）が結びついたものとされる。ちなみに、直前の親友との電話では、「これから死にに行く」「じゃあ、自殺に失敗したらメールするね」と言い残し、都内のカラオケボックスで最期を迎えた。

翌年に出版された最初で最後の単行本『卒業式まで死にません』には、亡くなる前日に書かれた四編の詩が掲載されている。そのうち『終止符』と題された詩は「私はいつでも追いかけられている」「自分自身に」などと綴られ「ならば　終止符を打とう　解放という名の終止符を」と締めくくられる内容だ。

とはいえ、身分上はまだぎりぎり高校生だった彼女は卒業アルバムの寄せ書きに「南条あやをよろしく」と書いていた。父はこれについて「卒業後の進路を『南条あや』として踏み出そうと考えていたのでしょう」と振り返っている。ハンドルネームでネットに日記を書き、人気が出て評価されたことは、生きる希望にもなっていたのだろう。

実際、その文才はさらなる成功を予感させるものだった。たとえるなら、太宰治が読者の少女

からもらった日記をアレンジして作品化した『女生徒』を彷彿とさせる。つまりはそれくらい感性と技術が融合した魅力的な文章なのだ。

そんな彼女は亡くなる8日前、自分史というべき『いつでもどこでもリストカッター』を書き上げた。死後に出た『別冊宝島445 自殺したい人びと』に寄稿されたものだ。そこには担当編集者による、こんな文章が添えられている。

「『何とか書き上がりました。読んで戴いて『ここら辺、もう少し詳しく』『ここ、表現が変』とかありましたらご指摘下さい。また修正して送らせていただきます。ではでは』と添え書きがありましたが、担当編集者が多忙にかまけ、具体的な感想を伝える間もなく(略)」

この編集者からは当時、その痛恨の思いを直接聞かされた。同じムックで岡田有希子とそのファンについての原稿を書くため、頻繁にやりとりしていたからだ。それゆえ、このふたりの夭折については何かにつけて一緒に思い出したりもする。どちらも18歳という花の盛りに、東京では桜が咲く季節に、自らを散らせたのだった。

それにしても『卒業式まで死にません』とはなんと意味深いタイトルだろう。思えば、死というのも人生からの卒業である。それはけっして「中退」ではない。南条らは懸命に自らの卒業までのときを生きたのだ。

魔性はいざなう

●川田亜子（20年・29歳）　●可愛かずみ（9年・32歳）　●河合義隆（2年・43歳）
●古尾谷雅人（15年・45歳）　●ＴＥＮＮ（26年・35歳）

花形と呼ばれる職業がある。平成においては、女子アナもそのひとつだ。自殺とは縁遠いようにも思えるが、そうではない。たとえば、日本テレビでは10年間に3人の女子アナが自殺した。そのうちのひとり、大杉（旧姓・鈴木）君枝は皇室番組からバラエティの『所さんの目がテン！』まで幅広くこなした実力派だ。

しかし、平成19年に自宅マンションから飛び降り、43歳で他界。ほんの4ヶ月足らず前に第一子となる長男を出産したばかりの死だった。そこには線維筋痛症という難病が関わっている。身体のあちこちが激しく痛む原因不明の病気で、彼女の場合は授乳すらできないほど重症だったという。ただでさえ苛酷な出産前後という時期に、これはこたえたに違いない。また、大学時代に実家が火事に遭い、父と弟を亡くしたという悲劇も。この出来事も、死に取り憑かれたことに影響したのだろうか。

その翌年には、フリーアナの川田亜子が練炭自殺で29年の人生を終えた。前年春にＴＢＳを退社し、テレビ朝日の『サンデースクランブル』などのレギュラーに。しかし、死の12日前にはブログにこんなことを書いていた。

「母の日に私は悪魔になってしまいました。（略）産んでくれた母に、生きている意味を聞いてしまいました。母の涙が私の涙がとまりません。母の涙が耳の奥で響いているのです」

悪魔云々については、のちに「妊娠中絶」の意味ではないかという見方も出たが、真相はわからない。自殺の動機に関しても、彼女をめぐる「三角関係」が取り沙汰され、死から4ヶ月後には「最後の恋人」が「元カレ」を訴えるという事態まで勃発。ちなみに「最後の恋人」は米国人の平和活動家で「元カレ」は大手芸能事務所幹部とされる。「元カレ」は彼女をＴＢＳから引き抜いたが、その後破局、ただ「最後の恋人」との接近には強く反対していた、というのが当時報じられた構図だ。

「もっと腹黒いところがあったら、あんなに傷付かなくても済んだんじゃないかな」――小島慶子

精神科医だという父親（彼女が十代半ばの頃に離婚して、別の女性と再婚）は「娘をここまで追い詰めたのは誰なんだ」と周囲に漏らした、という。そんな川田の性格について、ＴＢＳでの先輩でもあった小島慶子はこう表現した。

「クソ真面目すぎて、少し頓珍漢なの。そこが可愛くってね。全く邪気のない人でした。彼女がもっと計算高くて、もっと腹黒いところがあったら、あんなに傷付かなくても済んだんじゃないかなって思うこともあります」

一周忌にあたる日にラジオの生放送で語られたものだが、筆者も同感だ。また、色っぽさと儚さが同居するような男好きする美人でもあり、それが彼女の運命を左右したといえる。

なお、彼女は金沢出身で大学は東京の白百合女子大。ただ、高校の3年間を筆者の住む盛岡ですごしている。じつは、彼女が学んだ盛岡白百合と駅を結ぶバス路線をちょくちょく使うので、そのバスに乗るたび、あるいは同校の後輩たちを見かけるたび、彼女のことを思い出したりするのである。

平成9年に32歳で亡くなった可愛かずみも、似たタイプだった。それは色っぽさと儚さが同居する魅力だけにとどまらない。川田がアイドルアナから報道キャスターになりたくてもがいていたように、可愛はヌードのイメージを脱却し、女優で評価されようとして必死だったからだ。

小島の発言が示すように、川田は愛されキャラでもあった。TBSの大黒柱・安住紳一郎アナは没後10年の節目に、自身のラジオ番組で思い出話をしながら号泣。

にっかつロマンポルノの『セーラー服色情飼育』でデビューしたあと『オレたちひょうきん族』で中森明菜役を演じるなどして人気の出た彼女は、ドラマ『季節はずれの海岸物語』(昭和63年～平成6年)などで女優としてもそこそこの実績をあげた。私生活では、プロ野球・ヤクルトのエースだった川崎憲次郎との熱愛を報じられたが、失恋。しかし、死の2ヶ月後には実業家と結婚する予定だった。にもかかわらず、川崎の住むマンションに行き、身を投げたのである。

「あなたがいなくなったら私も死ななくちゃいけないでしょ！」

――可愛かずみ

その行動は謎のままだが、死に向かいそうな危うさは以前から漂わせていた。友人の川上麻衣子によれば、遊び仲間には尾崎豊や戸川京子がいたという。やがて彼女は、あるドラマでNGを連発して自信を失い、鬱や過呼吸発作にも悩まされるようになる。

「かずみちゃんは私には隠していたけど、当時の芸能界は、強い安定剤が手に入るルートがあったんですよ。それを手放せなくなっていたんでしょうね」(『週刊アサヒ芸能』)

そこに、失恋の痛手も加わった。死の2ヶ月ほど前には、自宅が近所だったという生田悦子がこんな言葉を耳にしている。

「よかった！　あなたがいなくなったら私も死ななくちゃいけないでしょ！」

じつはこのとき、可愛の愛犬が迷子になり、生田がそれを獣医に連れていったのだという。自殺の前にも何度か手首を切っていたという彼女の、思いつめやすく、死を意識しがちな性格がうかがえる。

婚約者は「いったい何が良くて、何が悪かったのか」と頭を抱えたが、川上は「結婚することへの悩み」を指摘して「新しい人生を歩むということへの不安もあったでしょうし」と語った。死への親和性が高い人には、結婚というおめでたい節目も負の契機になりかねないということだろう。

ちなみに、可愛をひいきにしていた山城新伍は「江戸時代の遊女」にたとえた。そういえば、川田の局アナ時代の代表作に『Ｇｏｒｏ's Ｂａｒ』のフロアレディ役がある、ふたりの自殺には、

19歳で歌手デビューも果たした。歌唱力には自信があったが、わざとアイドルっぽく下手に歌うよう「指導」されたという。

その性格とはうらはらの官能的な魅力も作用していた気がしてならない。

一方、本人のエロスが他者にもたらしたかのような自殺もある。平成2年、荻野目慶子の自宅で首を吊った映画監督・河合義隆の死だ（享年43）。

ふたりは昭和60年放送のスペシャルドラマで出会い、やがて恋におちた。18歳上の河合には妻子がいたが、半同棲状態となり、荻野目は両親に「結婚したい」と相談して、猛反対されていた。河合が昭和61年の監督デビュー作『幕末青春グラフィティＲｏｎｉｎ坂本竜馬』でコケてしまい、失速したことも一因だろう。平成元年の半ばには荻野目が別れを切り出し、自殺直前には河合が監督第2作となるはずだった『もうひとつの原宿物語』に彼女を使おうとして、拒絶されていた。

そんななか、河合は荻野目の留守中に合鍵で自宅に入り、命を絶つ。別れ話に対し「そうなったら死ぬしかない」と答えていたことを実行したのである。首吊りに使ったのは、彼女が大事にしていたマフラーだった。荻野目は警察で河合の妻と顔を合わせ「奥様、申し訳ございません」と言って土下座したという。

荻野目はメディアから「魔性の女」と呼ばれ、激しく落ち込んだ。外部との交渉を断ち、本人いわく「自分自身を貝殻の中に閉じ込めているような状態」に陥る。しかし、旧知の写真家・篠山紀信から撮影のオファーを受け、こんな思いにいたった。

「本当に一糸も纏わない自分を客観視することができる。（略）そこに写った自分を見て、ほんの少しでも『嫌だ』と思ったら、ある決断をしよう。そう覚悟を決めていました」

この「ある決断」とはもちろん「自殺」だろう。そこまで考えて臨んだ仕事は、彼女にとって心のリハビリとなったようだ。が、それ以上に彼女を甦らせたのは新たな恋だったのではないか。河合が死んだ翌年、34歳上の映画監督・深作欣二と出会い、また不倫関係に突入。やがて、深作は前立腺ガンを患うが、すでに述べたように男性機能を維持するため、ホルモン療法を拒否した。還暦を過ぎた巨匠をも命がけで愛させるエロスの持ち主だったわけで、河合もそんな魔力に魅入られたのだろう。

なお、河合はスパルタ型の監督として知られていた。20代だったフジテレビ時代『ママと遊ぼう！ピンポンパン』の子供たちを夜遅くまで残して稽古させたという逸話もあり、退社して作った制作会社には、同じタイプの蜷川幸雄もいた。役者を激しく怒鳴りつけながら、がちがちにコントロールしていく手法は支持者も生んだが、孤立も招いたという。

こうした男はえてして自殺するものだ。過剰な攻撃性が、自分自身にも向かいやすいのだろう。平成15年に自宅で首を吊った古尾谷雅人（享年45）にも似たところがあった。松田優作の後継者とも目された演技派俳優だが、周囲や時流と相容れにくい性格でもあり、晩年はプライドと疎外感のせめぎあいに苦しんでいた。

しかも、死後になって、妻が日常的な家庭内暴力を明らかにする。彼自身もそのことで悩んでいたという。ＤＶ男性は自殺しやすいという傾向もあるとされ、彼はそれを実証してしまったわけだ。この人については取材時に強烈な思い出があり、訃報を聞いたときはなるほどと腑に落ちた。いずれ、別の機会にでも詳しく語りたいと思う。

「次は裏切ったらあかんよ」

――TENN

最後にもうひとつ、エロスがもたらした死に触れておこう。平成26年、ヒップホップグループ・ET－KINGのTENNが自宅マンションの駐車場に止めた車のなかで首を吊った(享年35)。妻はSPEEDの上原多香子。前月、結婚2周年を迎えた際には上原のブログに仲睦まじいツーショットがアップされていた。紙3枚の遺書があったものの、上原は周囲に「なんで、こういうことになったのかわからない」と語り、メディアはグループの活動休止で収入が激減した夫の「責任感」に、自殺の理由を求めたりしたものだ。

しかし、3年後、衝撃的な事実が判明。遺族がTENNの名誉のため秘密にしていた遺書を女性週刊誌で公開し、自殺の背景に上原の不倫があったことを告発したのだ。彼女はドラマ『花より男子』の「F4」(他3人は松本潤・小栗旬・松田翔太)としてブレイクした阿部力と恋におち、ともに配偶者がいながら子作りの夢まで語り合う仲に。一方、TENNは男性不妊だったようで、遺書には「子供が出来ない体でごめんね」「次は裏切ったらあかんよ」といった言葉が記されていた。

夫の死で、上原は不倫をやめたものの、やがて別の男性との結婚を考えるようになり「籍を抜きたい」と言い出した。これに対し、遺族がくすぶらせていた怒りを爆発させたのがこの告発につながったようだ。彼の自殺には「復讐」としての意味も含まれ、遺族がそれを代行したかたちでもある。

ただ、上原は思いを貫き、できちゃった再婚。この展開について、ライターの仁科友里が『週刊女性PRIME』で興味深い指摘をした。「人間に与えられた最大の能力は、忘れること」特に「加害者は忘れるもの」だとして、こう書いたのである。

「命を絶つ復讐というのは、加害者に有利で、被害者のほうが損ではないかと思うのです」

たしかに、そうだろう。だが、じつはそのあたりがこの本を作った動機でもある。人は忘れやすいものだからこそ、エロスに翻弄されたあげくにもたらされた、どこか徒労めいてもいる、こういう死を記録しておきたいのだ。

日韓に見る自殺遺伝子

●沖田浩之（11年・36歳）●戸川京子（14年・37歳）●パク・ヨンハ（22年・32歳）●趙成珉（25年・39歳）

自殺は伝染する。という仮説を信じたくなる現象が、古くはヨーロッパのウェルテル効果、新しいところでは日本のユッコシンドロームだろう。前者はゲーテの小説『若きウェルテルの悩み』の主人公、後者はアイドル・岡田有希子という、それぞれの死によってもたらされた。

では、自殺が遺伝する、というのはどうだろう。その可能性を考えたくなってしまうのが、沖田浩之（享年36）のケースだ。

平成11年3月27日の朝、自宅で首吊り自殺。6日前までドラマ『サラリーマン金太郎』に出演し、6月には主演舞台も決まっていた。前日はその舞台の稽古に参加し、終了後、共演者たちと飲みに行っている。

遺書はなく、目立った兆候もなく、メディアは実家の借金に着目したが、後見人的な立場だった津川雅彦は「仕事の不安かな」とその見方を否定。実際、原宿で踊る竹の子族からドラマ『3年B組金八先生』（第二シリーズ）と華々しく世に出た沖田も、事務所独立でもめ、仕事を干された時期があった。その時期に、津川と舞台で共演、押しかけ弟子のようにつきまとい、それが縁で彼の所属事務所に拾われたのだ。そこから役者として活路を切り拓いたものの、結婚して子供も二人生まれ、何らかの不安を覚えるようになったとしても不思議はない。

気になるのは、死の前年、インタビューでの発言だ。半年前に亡くなった母のことを振り返り、

「おふくろは僕の腕の中で息を引きとりました。最後に耳もとで『本当に産んでくれて、ありがとう』って。それしか言えなかった。オヤジが死んだ時より衝撃は大きかったです。おふくろには芸能界に入って以来、心配ばかりかけてきたから」

この「オヤジが死んだ時より」という表現は注目に値する。じつは彼の父は「自殺」だったからだ。不動産やゴルフ会員権を扱う会社を経営していたが、沖田の兄にあたる長男に譲ったところ、経営が傾いてしまう。そこで、自らの保険金を借金返済にあてさせる目的で自ら命を絶った。

しかし、経営は回復せず、この兄も沖田の死の3年後、自殺。さらにいえば、沖田の祖父も自殺している。こちらは弁護士をしていて、担当事件での主張の正当性を訴える目的だった。三代で4人もの自殺者が出る一族などなかなかいない。それに加え、沖田が「衝撃は大きかった」という最愛の母の死。いわゆる「希死念慮」に弱い遺伝子があるとしたら、彼が自殺する条件は充分に整っていたといえる。

そんな最期を遂げた沖田だが、歌手としてのヒット曲にアニメ『キャプテン翼』の主題歌『燃えてヒーロー』がある。サッカーW杯のときなどにテレビからよく聞こえてきて、そのたびに彼のことを思い出すのだ。

「京子が早死にするなんて思ったことなかった」 ——戸川純

さて、自殺の遺伝子といえば、別の意味で考えさせられるのが戸川京子（享年37）のケースだ。子役時代から長年、女優として活躍してきたが、平成14年7月18日、自宅で首吊り自殺。この訃報を知った際、妹のほうだったか、という奇妙な思いにとらわれたものだ。

いや、その違和感はこの人も同じだった。

「あの子のことだから、どんな状況でも前向きに……いつもそうだったから。（略）私みたいに『死にたい』と子供のころから言って、そういうヤツほど長生きすると思っていたけど、京子が早死にするなんて思ったことなかった」

ワイドショーの直撃で妹の自殺を知らされたときの、姉・戸川純の言葉である。

実際、京子の死は持病の喘息や数年前から悩まされていた鬱病の影響だとされたが、芸能人としての印象は健康的なものだった。一方、姉は今でいうメンヘラ系というか、音楽にせよ芝居にせよ、病的なあぶなっかしさを前面に出していたし、10代のころには拒食症を経験。30代で自殺未遂をして休養したこともある。それゆえ当時、自殺したのが姉ならわかるけど、という感覚をこちらも抱いたわけだ。

しかし、同じ血が流れているのだから、妹にもそういう資質が秘められていたのだろう。ではなぜ、姉が自殺せずに済んだかといえば、個人的に思い当たるふしがある。拒食症についてのインタビューをした際、彼女はこう言ったのだ。

「たとえば、デビュー直後に、ランドセル背負って、小学生のかっこうして歌ったことがあるんですよ。たぶん、あれはね、拒食症の人特有の『おとなになりたくない』っていう意識のあらわれだったんじゃないかなって。当時はたんに、ああいうかっこうすると落ち着くからやってたんだけど。(略)こうして振り返ってみると、仕事は私にとって、リハビリ的な効果もあったんだなって思いますね」

長年「死にたい」気持ちと戦ってきた彼女は、そこから逃げる術も仕事を通して学んだりしながら、耐性を身につけてきた。しかし、似た資質を持っていながら、その耐性を手に入れられなかった京子は、30代半ばで急に襲ってきた希死念慮に対処できなかったのかもしれない。

「目の手術で休んでいる間、安らかな気持ちになることはありませんでした」

――パク・ヨンハ

それにしても、自殺しやすい遺伝子、あるいは血というものが存在するなら、それは民族性にも影響しているのではないか。日本は世界的にも、自殺者が多い国だといわれるが、それ以上に自殺がクローズアップされる国がある。韓国だ。

平成22年6月30日の早朝にソウルの自宅で携帯電話の充電コードを使い、首を吊ったパク・ヨンハ（享年32）の死は、日本のいわゆる韓流ファンにも衝撃をもたらした。『冬のソナタ』でペ・ヨンジュンが演じた主人公の恋敵を演じ、歌手活動も精力的に行なっていたからだ。都内で催さ

韓流ファンをとりこにしたパク・ヨンハの笑顔。死の半年ほど前には、昼ドラ『Xmasの奇蹟』の主題歌をうたい、本人役でゲスト出演もしていたのだが……

れた献花式には、1万4200人が参加。自殺動機についても、さまざまに取り沙汰された。

末期ガンだった父親の介護疲れ、信頼していたマネージャーの横領、日本での事業の不振……。それに加え、本国ではインターネット上でバッシングにも遭っていた。日本での人気が高まりすぎていたところに、平成19年、角膜異常を理由に兵役を免除されたことから「診断書は偽造だ」「親日売国野郎」「日本人になれ」などと悪意の書き込みが殺到。本人は、

「目の手術で休んでいる間、安らかな気持ちになることはありませんでした。でも、楽に生きることにしたんです。ストレスを受けないように」

と語ったが、この経験がボディブローのように彼の心を痛めつけていたことは充分に想像できる。というのも、韓国では2年前にも、彼以上の大物スターがネットバッシングから自殺していたからだ。

平成20年10月2日、ソウルの自宅で首を吊った国民的女優のチェ・ジンシル。きっかけは前月に練炭自殺したタレントのアン・ジェファン(享年36)の原因探しだった。彼が膨大な借金の督促に悩んでいたことから、その相手がジンシルだという噂がネットで出回り、それを苦にしての自殺である。

この一件にショックを受け、鬱病になった弟の俳優、チェ・ジニョンも22年3月29日、自宅で首吊り自殺した。

また、ジンシルはかつて巨人でも活躍した野球選手、チョ・ソンミン(趙成珉)の元妻であり、東京で新婚生活をすごした。その後、夫のDV逮捕から離婚となったが、ジンシルの死後、子供

たちの親権をめぐって、彼女の母とソンミンのあいだに争いが発生。「金に困ったソンミンが子供の養育費をあてにしている」というネットバッシングが起きた。結果、ソンミンも平成25年1月6日、交際女性の家で首を吊ることになってしまう。

チェ姉弟もソンミンも、39歳での首吊り自殺。遺伝も伝染も、やはりあるのではと思わせる連鎖である。

韓国では大統領を務めたノ・ムヒョンも、退任後の平成21年5月23日、不正献金疑惑の追及中に投身自殺した。「自殺率は世界一」(米国ワシントンポスト)と報じられたこともあり、日本と並ぶ自殺大国といっていい。

ではなぜ、日韓という、地理的に隣接していて、ルーツも近いとされる両国でこういう傾向が目立つかというと――。

まずは、自殺を禁じる宗教の影響が希薄なこと。そして、同調性の強さが関係しているかもしれない。脳科学者の中野信子によれば、意思決定の際「自分自身で人の意見を聴かずに決める」タイプより「人の目や世間に従い、空気を読もう」とするタイプが東アジアでは多数派なのだという。そのぶん、バッシングなどにも弱いということだろうか。

ただ、同調性が強いのは日本人や韓国人の良さでもある。遺伝や伝染が考えられるのも、希死念慮が病気の一種だとすればむしろ自然なことだ。他の動物はしないという意味で、最も人間らしい死ともいえる自殺の多さはけっして恥じるようなことではない。

第四章

変死と急死、突然と偶然と必然と

自己承認支配からの卒業

●尾崎豊(4年・26歳)

尾崎豊が急死したのは、平成4年である。これを機に、ブレイク時をもしのぐかのようなブームが起きた。しかし、彼が「歌手」として活躍したのはもっぱら昭和末期のことだ。昭和58年にアルバム『十七歳の地図』とシングル『15の夜』でデビューして、60年に『卒業』をリリース、若者のカリスマと呼ばれたものの、61年に活動を休止して渡米、クスリを覚えてしまう。62年、活動を再開したが、覚醒剤取締法違反で逮捕、63年に復帰報告と謝罪を兼ねて生涯唯一の歌番組出演と東京ドーム公演を行ない、彼にとっての昭和は終わった。

平成に入ってからは、3年に『I LOVE YOU』がCMに使われ、大ヒットしたものの、これはデビューアルバムに収録されていた曲。この時期、彼は女優・斉藤由貴と不倫をしていた。破局して、妻子の許に戻ったが、暮れに母親が亡くなり、その4ヶ月後、彼もあとを追うように26歳で夭折する。遺作となったアルバムはオリコン1位を達成したとはいえ、2年後に月9ドラマの主題歌としてミリオンセラーになった『OH MY LITTLE GIRL』をはじめ、名曲として語り継がれているのは昭和の作品ばかりだ。

もっとも、亡くなってからの20数年間、世間が彼を忘れることはなかった。トリビュートアルバムや伝記ドラマの制作もさることながら、その死因をめぐり、さまざまな憶測が飛び交い続けたからだ。それは彼の死が、ひいてはその生も謎めいていたからだろう。

その最期を振り返ってみると――。

「先日からずっと死にたいと思っていました」
――尾崎豊

平成4年4月25日　尾崎は早朝、都内の民家で泥酔して倒れているところを発見され、病院へ救急搬送。自宅に戻ったが、容態が急変し、別の病院で昼すぎに亡くなった。遺体の司法解剖も

4作目のオリジナルアルバム。心身の不調や逮捕により、1年半近くリリースが延びた。尾崎の顔が写ったカラー画像はかなり珍しい。

行なわれた結果、警察が発表した死因は「極度の飲酒による肺水腫」。しかし、2年後、前代未聞の騒動が持ち上がる。

死体検案書の実物コピーとされるものが外部に流出、そこには体内から致死量の2・6倍以上の覚醒剤が検出されたことや、全身にすり傷と打撲、また、くも膜下出血が見られたことが記されていた。これにより、覚醒剤による中毒死、さらには「他殺説」まで浮上したのだ。

すなわち「財産目当ての妻が尾崎の旧友と組んで、覚醒剤入りの酒を飲ませたうえで、暴行して死なせた」というものだ。そして、再捜査を要求する数万人規模の署名運動が尾崎の父や兄も参加するかたちで起こった。悪者扱いされた未亡人は、5歳の長男とともにニューヨークに移住。本人いわく「子供を誘拐するという脅迫まであって……とても日本にいられる状況ではなかった」からである。

これに対し『週刊文春』が「自殺説」を展開。最大の根拠は、未亡人が所有するという遺書だ。この短期集中連載を主導したジャーナリストは平成23年『文藝春秋』において「二通の遺書」を全文公開した。そこには、

「先日からずっと死にたいと思っていました。死ぬ前に誰かに何故死を選んだのか話そうと思ったのですが、そんなことができるくらいなら死を選んだりしません」

といった言葉が綴られていた。また、このジャーナリストによれば、尾崎は亡くなる前夜、たまたま会った友人に形見分けのようなことをしていたという。

ただし、ひとつめの遺書が入っていたとされるセカンドバッグを兄・尾崎康に返した千住警察

署は「遺書はありませんでした。尾崎さんの死は病死です」と、断言。かといって、再捜査要求の署名運動についても、警察は「出すのは自由。でも受け付けない」としていた。司法解剖を行ない「死体検案書」を作成した医師も「事件性など全くありません」として、外傷もくも膜下出血も自分で転んだりしてできたものだと説明しているのだ。

もちろん、病死だとしてもそれを招いたのが飲酒なのか、覚醒剤なのかといった謎は残るが……。正直なところ、死因についてのこれ以上の詮索にはさほど興味がない。こういう死に方をした人は謎とともに語り継がれていくのが宿命だし、世間にとっては突然でも、本人の生を見ていけば必然的な死にも思えるからだ。

たとえば尾崎の場合、最初に彼を有名にしたのはライブでの高所からの飛び降りだった。これにより、脚を骨折したりしたものの、ひきかえにロック的な好印象を獲得する。このことはかつて、委員長タイプの優等生だった彼が不良化していくなかで行なった根性焼きなどと同様「無茶をすることで承認を得る」(川口瑞夫)という成功体験の強化につながっただろう。

興味深いのは、兄との違いだ。こちらは弟の死を転機として、一度はあきらめた司法試験に再挑戦して、34歳で合格した。高校を卒業する頃、保坂展人の「内申書裁判」が最高裁で敗訴に終わったのを見て、弁護士になりたいと思ったのがそもそものきっかけだという。

じつは弟も、保坂とは縁がある。デビュー直前、彼の組織するリサイクル推進団体に関わっていたのだ。筆者の友人がそこで会い「大人たちに操られるだけの人形にはなりたくない」とその後「若者のカリスマ」になる人ならではの言葉を耳にしている。

とまあ、兄とは違う自己実現を目指したわけだが、芸能界において「無茶をすることで承認を得る」という思考と行動のシステムはなかなか有効だった。ただ、これにうまくいきすぎたことが、彼の生を特殊なものにしたのだろう。無茶といっても、クスリや不倫で社会的ルールを逸脱すれば、心身ともにダメージを受ける。まして彼は「大きな社会愛みたいなものを生み出せたら」と願っていたから、理想と現実のギャップにも激しくさいなまれた。

ちなみに、彼を司法解剖した医師は「胃に飲んだ覚醒剤が吸収されずに残っていた」ことから「すでに胃腸も動かない状態にあった」と見ている。それゆえ、致死量をはるかに超える量でもそれ自体では死にいたらなかったというわけだ。これは当時の体調について「何を食べても、すぐ吐いてしまう」ほどだったという未亡人の証言とも一致する。

それでも病院に行こうとしなかったのは、ボロボロになりながらも命懸けでアルバムを作るという「無茶」によって「承認」を得たかったのだろうか。しかし、彼が誰よりほめられたかったのは母だった。その死によって「様子が目に見えて変わった」と未亡人はいう。彼のなかで大事な何かが切れ、自暴自棄になったとも考えられる。

遺作となった『放熱への証』は十字架の上で倒れているかのような姿がジャケットに使われ、末尾には母への挽歌が置かれた。そのなかで彼は「きっと人は　やがて深い闇の中で　一人自由な　夢叶えて眠るのだろう」と歌う。母の安らかな眠りを願いつつ、自らも死へと魅入られているような気配が漂う曲だ。

とまあ、尾崎についてはさまざまな深読みができ、生前も死後もメディアと世間とがよってたかってそれを行なってきた。その結果、巨大な物語が生まれ、彼はそのなかで栄光と挫折を経験、今なおそのなかにいるともいえる。だが、生も死も本来、個人のものだ。

「今後はそれぞれの心の中で尾崎さんを悼んで欲しい」——尾崎ハウス家主

平成23年には「尾崎ハウス」が取り壊された。亡くなる日の朝、彼が泥酔して倒れていた民家の一部がファンに開放され、交流の場となっていたのだが、改築を機にその幕を閉じたのだ。家主は、こう語った。

「もう卒業してもいい時期だ。今後はそれぞれの心の中で尾崎さんを悼んで欲しい」

尾崎の生と死についても、その巨大な物語とは別に、個人的かつ普遍的なものとしてとらえられる時期が訪れつつあるのかもしれない。彼の死後に出会った人ならなおさらだろう。とはいえ、そんな人にとっても彼の遺したものは有効だ。

承認欲求をめぐる葛藤、そして死というすぐれて現代的なテーマを生きた尾崎豊という存在は、平成以降の時代においても貴重なテクストとなるはずだからである。

セックスとプラトニックの迷宮で

●飯島愛（20年・36歳）

尾崎豊が亡くなった平成4年、新たな「若者のカリスマ」が世に出た。当時19歳の飯島愛だ。深夜番組『ギルガメッシュないと』で「Tバックアイドル」として人気を博し、翌年には歌手デビュー。おたく人気を買われ「まんがの森」のCMではセーラームーン風のコスプレで『まんがらりん』を歌ったり『飯島愛の極楽天国目覚ましCD』という珍品も出した。

「おねぼうの『僕』の家に超売れっ子アイドルの飯島愛ちゃんがお泊まりにきてくれた。あなたの愛ちゃんが甘ーく囁いたり、可愛くすねたり、凄んでみたり、心地好い目覚めを約束してくれます。フォーカスされないうちに早く起きて！」（裏ジャケの宣伝コピーより）

というおしゃべりCDだ。その後、おバカタレントとしても活躍したが、まだ「カリスマ」ではない。彼女がそうなるのは、平成12年のベストセラー『プラトニック・セックス』がきっかけだ。彼女はこのなかで、自らの過去を赤裸々に告白した。家出、万引き、カツアゲ、シンナー、水商売、援交、レイプ、AV出演、中絶……。これは尾崎が歌でやったことを、本でやったともいえるが、中身はもっと過激だった。ただ、もともと優等生だったところは似ている。彼女の場合、両親が教育やしつけに厳しく、なかなかほめてもらえなかったという。

だからだろうか、大人になってもほめられることに飢えていたようだ。死の翌年、豊田正義が書いた『独りぼっち　飯島愛　36年の軌跡』にこんな話が出てくる。『プラトニック・セックス』発売に合わせて『SPA!』の「ニュースな女たち」に登場した際、このコーナーを担当する中森明夫と篠山紀信と酒席をともにし、文章と容姿を賞賛された彼女は、

「気持ちいい！　ほめられるのって、ホント、気持ちいいねぇ。ほめて。もっと、ほめて、ほめて……」

と、ごきげんだった。また、この年末には新語・流行語大賞の受賞式に「ワタシ的には…」が似合う有名人として登場。翌年『プラトニック・セックス』はドラマや映画になり、彼女は『週刊朝日』でコラム連載を持つことにもなった。テレビでもお色気やおバカ担当ではなく、代弁者とかご意見番的な仕事が増えていく。これらはすべて、ステップアップに思えただろうし、承認欲求を満たすことにつながったはずだ。

(上)が『目覚ましCD』で(下)が『まんがらりん』の裏ジャケ。歌手としてはほかに『ナイショDEアイ！アイ！』などもある。

しかし、世の中ほめてくれる人ばかりではない。『噂の真相』には「大ヒット本『プラトニック・セックス』で飯島愛が唯一隠し通したAV本番歴」という記事が掲載された。彼女は芸能界デビューにあたって、まずアダルトビデオに出演したのだが、すぐにテレビで人気が出たため、タレント一本に路線変更。AV出演については語りたがらず、大手芸能プロに移籍してからは事務所ぐるみで「なかったこと」にしようとしてきた。この本ではそんなAV出演にも触れているものの、それが不完全だという指摘を受けたのだ。

「身体だけ気をつけてくれれば。いや、むしろ、心のほうだと思うんだけどね」
——飯島愛の父

ただ、彼女にとってそれはかなりのトラウマだった。前出の『独りぼっち〜』にも「このAVあがりが！」と言われるのをイヤがり「このTバックあがりが！」ならむしろ喜んだという話が紹介されている。

なんにせよ、若くして性をとりまく現実を知ったことは、彼女を性感染症予防の啓蒙活動などにも向かわせた。それは「若者のカリスマ」「代弁者」「ご意見番」という顔とも矛盾せず、いかにも大物芸能人らしい展開にも思えたものだ。

ところが、平成19年3月、芸能界を電撃的に引退。腎盂炎などに苦しみ、気力も衰えたとして、こんな説明がされた。

「芸能界は華やかで魅力的な世界です……目標や夢が見いだせず頑張れないのなら生き残っていくのは不可能です」

たしかに、数ヶ月前から生放送を二度ドタキャンしたりもしていたが、テレビレギュラー4本を抱える人気者の決断はさまざまな憶測を呼んだ。ITビジネスや小説家への転向、ニューヨーク移住などなど……。そんななか、父親は『週刊女性』の取材にこう語っている。

「本人が好きで入った道だから。それをやめるってことは、よほど考えてのことだろうからね。（略）身体だけ気をつけてくれれば。いや、むしろ、心のほうだと思うんだけどね」

実際、彼女は個人事務所の経理担当をしていた男性に数千万円の横領をされたことでひどく傷ついていたようだ。また、引退から半年後には、渋谷警察署に現れ「精神的におかしくなっちゃって」「一人で寂しい」「話を聞いてほしい」と、話していたとも。引退後のブログには、鬱や円形脱毛、幻聴、被害妄想といった変調が綴られていく。

それでも彼女は、新たな希望も見つけていた。コンドームなどのネット販売事業だ。平成20年12月にはエイズ予防の啓発イベントに登場。

「みんな、なんでエイズ検査に行かないの？　セックスでうつる病気だから恥ずかしいと思ってるんだろうけど、みんなもセックスで産まれてきたんだよ！」

タレント時代と変わらないトークで盛り上げた。

その1週間後には、知人への電話で咳き込み、心配されたが「大丈夫だよ」と話し、翌日、元事務所に「次の事業についてご報告したいので、時間を下さい」と電話。「元気になりましたから」

とも伝えていたという。

しかし、彼女が息絶えたのはその3日後と推定されている。ネット販売事業がスタートする日でもあった。遺体が発見されたのは、死から1週間後のクリスマスイブ。連絡がとれないのを不審に感じた元付き人の女性が、管理人に鍵を開けさせて中に入ると、彼女が椅子から前のめりに倒れていた。死因は肺炎と発表されたが、まだ若い有名人の孤独死はやはり衝撃だ。世間はそこまで衰弱していた背景を、いろいろ詮索せずにはいられなかった。

たとえば、覚醒剤常用説だったり、友人の神田うのからメールで罵倒されたという説だったり、なかには女子高生コンクリート詰め殺人事件（昭和63年）の犯人のひとりと交友があり、脅されていたという説まであった。

その一方で、主のいなくなったブログには、彼女を慕うファンからのコメントが続々と寄せられた。いわば「メンヘラ少女の聖地」と化したのだ。それは将来についての彼女のこんな感覚に、共鳴する人が多かったからだろう。

「私の中の闇みたいなものを、子供を産み育てるということですり替えたくはないから」

どんなに売れて輝いているように見えても、消せない闇はわかる人にはわかるものだ。愛への不信や性をめぐる屈折を、自分と似たものとして感じた人は確実にいた。

そんな彼女のデビュー当時を知る岩本恭生は、その毒舌ぶりなどを「捨て身」だったと表現している。思えば彼女も尾崎同様「無茶をすることで承認を得る」タイプだったのだろう。

また、映画『プラトニック・セックス』を監督した松浦雅子は「素の彼女」から「少女のまま大人になった人にある感受性の強さ」を感じたという。これの「少女」を「少年」に変えれば、尾崎に当てはまるのではないか。こういう人がその感受性を持ったまま生きるには、限界の年齢があるのかもしれない。

それにしても『プラトニック・セックス』とは象徴的なタイトルだ。直訳するなら、精神的な性交。その相反する概念のあいだで、彼女は居場所を探してもがき、36年を生き抜いたのだった。

バンドは伝説化し、歌は永遠となる

●hide（10年・33歳）●坂井泉水（19年・40歳）

「薄っぺらい人生でした」

平成10年5月2日未明に放送された『hideのオールナイトニッポンR』のなかで、彼はそんな自虐的発言をした。ほかに、こんな言葉も口にしている。

「来週は日本から……。あるのかないのかわかりませんが、放送事故にはならないように注意したい」

このラジオの収録時、hideは海外にいたわけだが、これが冗談だったのか本気だったのかは永遠にわからない。いずれにせよ、この声が流れた2時間半後に彼は死体で発見された。自宅の自室のドアノブに、縦に裂いてヒモ状にしたタオルを巻き、それで首を吊るような姿勢だった。同居する女性が救急車を呼んだものの、すでに意識はなく、33歳の生涯を閉じたのである。

遺書はなかったが、警察は自殺と断定。しかし、所属事務所は「呼吸困難による死去」と発表した。肩こり解消のための「牽引」という首吊りマッサージを酩酊状態で行なったところ、誤って事故死したとの見方も出て、直前のラジオ同様、謎が残されることになる。

ただ、この時期、彼が大きな喪失感と無力感にさいなまれていたことは間違いない。前年9月、Ｘ ＪＡＰＡＮが解散。彼はこのバンドのギタリストであるだけでなく、ビジュアル面での展開を任されていた。「ＰＳＹＣＨＥＤＥＬＩＣ ＶＩＯＬＥＮＣＥ ＣＲＩＭＥ ＯＦ ＶＩＳＵＡＬ ＳＨＯＣＫ」というコピーを考案し、ここから彼らは「ヴィジュアル系」の元祖となる。ＹＯＳＨＩＫＩとＴｏｓｈｌというクセの強いツートップの調整役も担い、彼はこのバンドについて「俺は命懸けでサポートする」とまで言っていたのだ。

しかし、洗脳セミナー問題を抱えるＴｏｓｈｌとワンマンすぎるリーダーのＹＯＳＨＩＫＩがついに決裂。Ｔｏｓｈｌが脱退して、その5ヶ月後に解散にいたった。それでも、大晦日の東京ドーム公演と『紅白』での幕引きが実現したのは、ｈｉｄｅがふたりを説得したからだという。

そして、解散を機に、彼はソロプロジェクトに重点を置くようになり、順調に進んでいるようにも見えていたのだが……。

「自殺願望が心の奥に巣くっていて、アルコールによって前面に出たのではないか」
——精神科医・町沢静夫

その素顔については、酒が入ると「たまっているものが一気に噴き出す」とか、以前より「酒に溺れていた」との証言もある。『週刊朝日』の「『X JAPAN』hideの自殺でわかった自殺願望の蔓延」という記事では、精神科医の町沢静夫がこんな指摘を。

「一人になって酒を飲んでいるときが、この人の姿です。彼は孤独に弱いと思う。（略）相当以前から死にたいという自殺願望が心の奥に巣くっていて、それがアルコールによって前面に出たのではないか」

それでなくても、彼のやっている音楽は死との親和性が高そうだ。X JAPANのメンバーでは、平成23年にTAIJIも首吊りで亡くなった（享年45）。

また、hideは骨髄バンクへのドナー登録をしていた。彼の大ファンだという難病少女との交流がきっかけだ。コンサートにも招待し、打ち上げにまで呼んで自分の「ダチ」だと紹介。彼女が骨髄移植をしたあと、一時危篤に陥った際には病院に駆けつけ、励ました。

アーティストがひとりのファンのために、ここまでやるのは珍しい。それは彼が人一倍、生と死について考え、孤独を嫌ってつながりを求める人だったからではなかろうか。

葬儀には、2万5千人もの人が訪れ、直後に「hide with Spread Beaver」としてリリースされたシングル2作はともにチャート1位を達成。うち、1作はミリオンセラーになった。2年後には、故郷の横須賀に「hideMUSEUM」が期間限定で開館。5年にわたって、ファンに親しまれた。

取材も兼ねてそこを訪れたことがあるが、ギターや衣裳、プロモビデオに登場した外車、子供時代の通信簿などが飾られ、hide人形とツーショット撮影ができる趣向も用意されていた。このような人生が「薄っぺらい」はずがない。メジャーでの活動は10年間だが、充分に濃密なときを生きたといえる。

何より特筆したいのは、彼の死がX JAPANを伝説にしたということだ。ビートルズがジョン・レノンの死でそうなったように、バンドにとっては解散よりも、メンバーが欠けるほうが衝撃だったりする。もう二度とかつてのかたちには戻れない、という意味で——。

そして、このバンドが平成19年の再結成以降、協力的に活動するようになっていくのも、彼の死が影響していると思われる。誰かが欠けることの哀しさ、つながり続けることの大切さを、残されたメンバーは痛感したはずだからだ。

「やはり転落事故だったとしか思えません」——プロデューサー・長戸大幸

hideの死から9年後の同じ5月、今度はひとりの歌姫が謎めいた死を遂げた。ZARDの坂井泉水。平成初期に『負けないで』『揺れる想い』など、大ヒットを連発したボーカリストにして作詞家である。

彼女は平成18年4月、子宮頸ガンと診断され、6月に摘出手術。自宅療養をしながら復帰を目指したものの、翌年3月、肺への転移が見つかった。4月から入院して抗ガン剤などによる治療を行ない、秋には復帰という計画もあったが……。

5月26日の早朝、病院の避難用スロープ1階踊り場から約3メートル下に転落、後頭部を打ち、脳挫傷を負ってしまう。意識不明のまま、翌日の午後、40歳で死去。ただ、警察はこの転落死について、自殺も疑った。所属事務所は「前日の雨で足を滑らせた」と説明したが「手すりを乗り越えた痕跡がある」（警視庁発表）など、不自然なところも見られたからだ。

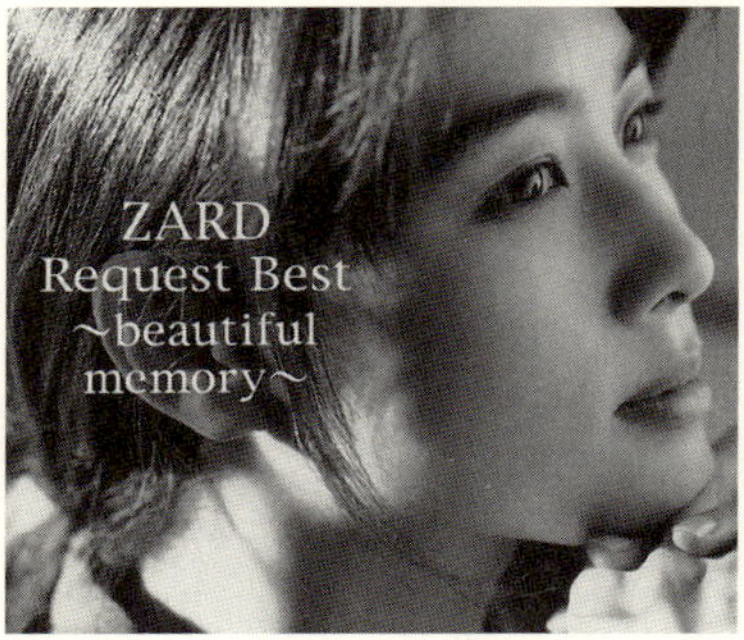

死の翌年、リリースされた2枚組ベストアルバム。公式サイトでのファン投票による上位30曲が収録された。

なんにせよ、メディアはこぞって、彼女の人生を象徴するようなミステリアスな最期、などと報じた。彼女はテレビや雑誌、ステージへの露出を極力避けるアーティスト、いわば「見えない歌姫」だったからだ。テレビ出演はごく初期の数本のみで、ライブは後期の十数回しかない。

それゆえ、その素顔についてはもっぱら本人以外の証言から間接的に想像するしかない。たとえば、露出を避けた理由も、所属したビーインググループの方針だけではなかったという。体調不安に、あがり症。実際、平成12年から1年半にも及ぶブランクは、子宮筋腫や卵巣のう腫、子宮内膜症を患ったことによるものだったし、アートディレクターの鈴木謙一は「撮影されるのが苦手というか、レンズを向けられると緊張するタイプでした」と振り返っている。

とはいえ、学生時代は陸上部で活躍したり、歌手デビュー前にはレースクイーンやモデルをやったりというアクティブな一面も。本名の蒲池幸子で出したセミヌード写真集は、ブレイク後に「お宝」として騒がれた。『噂の真相』には、ビーイングの「女帝」とか「女王様」と書かれたこともある。歌手という子供の頃からの夢をかなえ、大成功をおさめただけに、芯の強さも持ち合わせていたのだろう。

そんな彼女を見いだし、育てたのはビーイングの総帥・長戸大幸。TUBEやB'z、倉木麻衣らも世に送り出したJポップ界きっての大物である。神舘和典の『永遠の歌姫ZARDの真実』によれば、その出会いは平成2年に行なわれたB.B.クイーンズのコーラスメンバーオーディションに彼女が参加したことだった。

このとき選ばれたのは、のちにMi-Keでも活躍する宇徳慶子だが、長戸は坂井で別のプロジェクトを作ることも着想。彼女の魅力については、こんな発言がある。

「プロデューサーとして坂井さんに求めたのは〝平成に生きる昭和の女〟です。昭和の中盤から後半にかけて、歌謡曲やJポップで歌われ続けた、愛する男性の夢のためには身を引く女性です。それを前提に、髪型やファッションを考えました。流行は追わず、基本ノーメイクで、イヤリングもめったにせず、眉も整えませんでした。髪型も変えず、そのコンセプトを最後まで変えなかったことが、数多くの大ヒットを生み続けたと感じています」

オーディションで彼女は『六本木心中』(アン・ルイス)と『つぐない』(テレサ・テン)を歌ったという。長戸はこのうち、後者に強く惹かれたのだろう。そして、この方向性は彼女の資質にも事務所の方針にも見事にハマった。ひかえめにせつなく、姿は見せずに、ラブソングや応援歌をうたう――「見えない歌姫」というコンセプトにこれほど合う素材はどこを探してもいなかったはずだ。彼女を語るうえで欠かせない「透明感」というキーワードにしても、それはボーカルや容姿にとどまらない。存在そのものにどこか透明感が漂い、ブレイク当初は実在すら疑われたほどだ。

ただ、彼女とて現代を生きるひとりの女性である。子宮摘出はひどくこたえたようだし、死の不安にもおびえていた。前出の鈴木は、亡くなる数週間前に電話でその本心を聞かされたという。

「おそらく治療の前だったんだと思うんですけど、すごくそれが怖いんだっていう話を聞きました。僕もその3年前にガンという病気を患っていたことがあり、当時坂井さんも心配してくださっていたんですが……『私、怖いんです』と仰ったその気持ちがよくわかるというか……」

この不安と、謎めいた死に方との関係も気になるが、長戸はこう言っている。

「でも、レコーディングを楽しみにしていた様子からも、やはり転落事故だったとしか思えません」

そして、この訃報ほど、彼女が生身の人間であることを世間に気づかせたものもない。ただ、そのとき、彼女はもうこの世の人ではなかった。つまり、彼女は「見えない歌姫」というあり方を最期まで貫くことになったわけだ。

坂井泉水の死もまた、自らを伝説化する稀有なものだった。平成9年にドラマ『失楽園』の主題歌としてヒットした『永遠』のサビには「君と僕との間に　永遠は見えるのかな」という言葉が置かれている。早すぎる旅立ちとひきかえに、その歌は美と輝きを増し、永遠を獲得したのだ。

平成元年の夭折——ジェームス・ディーンのように

●高橋良明（元年・16歳）

年号が替わってまだ半月後の平成元年1月23日、16歳の少年があわただしく世を去った。アイドルの高橋良明だ。

死の原因となったのは、バイク事故。年号が替わる前の昭和63年1月5日に、自宅からレンタルビデオ屋に向かう途中、女子中学生をはね、全治2ヶ月のケガを負わせてしまう。彼自身も頭を強打し、意識不明状態に。ただ、やがて意識は回復傾向を示し、今後の心配は脳よりも左腕のマヒだと説明されていたという。

しかし、22日に容態が急変。解剖の結果、事故時の頭部打撲による脳内出血が見つかった。本人や家族はもとより、病院にとっても想定外の死だったわけだ。

また、死亡するまで彼の名は伏せられていた。未成年による人身事故で、しかも無免許運転だったからだ。50ccの免許しか持っていなかった彼が運転していたのは、250ccのバイク。それゆえ「NHK『春日局』出演中のアイドル少年A」(『週刊明星』)などと紹介されていた。

もちろん、それだけでもわかる人にはわかる。じつは当時、彼と同じ劇団「東京宝映」に所属するアイドル・小川範子及びそのスタッフと親しかったため、この事故には関心を抱かずにいられなかった。そこで、小川の予定を聞くべくマネージャーに電話をしたついでに、高橋のこともそれとなく尋ねたのだが——。

「……うーん、それがね。意識もまだ……いろいろ大変なのよ」

その重い口ぶりから、事態が報道より深刻なのがはっきりと伝わってきた。あるいは、ちょうど容態が急変したあとだったのかもしれない。何にせよ、彼は亡くなり、そのときしみじみと感じたものだ。

高橋良明は二重の意味で不運なアイドルだったな、と。

「オレのファンはいいコばっかりだ」

――高橋良明

彼がブレイクしたのは昭和60年のドラマ『うちの子にかぎって…』第2期の児童役としてだった。その2年後には『オヨビでない奴!』でドラマ初主演を果たす。歌手としても、デビュー曲から3作続けてベスト10入り。しかし、彼がテレビで歌う機会はほとんどなかった。ジャニーズ事務所の圧力と、歌番組の忖度によるものだ。

昭和30年代から男性アイドルシーンを主導してきたこの事務所は、この時期、光GENJIを成功させ、いよいよ一党支配を強めつつあった。そんななか、いきなり台頭してきたのが高橋で、彼は徹底的にマークされることになる。当時の状況について、かつて書いた文章があるので引用してみよう。

「ジャニーズが独占したかった学園ドラマという鉱脈から出て来た点や、元気でシャイな普通の男の子っぽいイメージ、極端な音痴といったキャラがジャニーズ系とかぶること、そして何より、大した戦略もなく売れてきたという事実が多少の脅威を与えたのだろう。楽曲的には、浅沼正人ディレクター(元・銀蝿一家のJohnny)が田口俊や森雪之丞といった作詞家を起用して等身大な少年の日常を描き、2ヶ月前にデビューした光GENJIの同時代的メッセージに対抗。ジャニーズの一党支配に辟易していた芸能マスコミも密かに応援し『月刊明星』の表紙も飾った」

この「表紙」が実現したのは昭和63年4月号。ジャニーズ事務所の不興を買うのも承知で編集部が強行したのだと、前出のマネージャーから聞かされた。その姿は大軍の集団戦法にただ独りで立ち向かっているようでもあったが、なかなか健闘していたといっていい。

ちなみに、ディレクターの浅沼は横浜銀蝿時代、ソロとして『ジェームス・ディーンのように』を大ヒットさせている。まさか愛弟子が、自動車事故で若死にしたハリウッドスターと同じように、バイク事故で夭折するとは思わなかっただろう。

ただ、夭折ゆえに、その死は多くのファンに惜しまれた。後追い自殺した女子高生もいたし、追悼集会には1万5千人ものファンがつめかけ、あいさつに立った母親は、

「生前、良明がいつも言っていました。『オレのファンはいいコばっかりだ』と。今日は、それ

最高位(6位)を記録したセカンドシングル。なお、生前最後のシングルB面は『夢で逢えるさ』という、ファンにとってせつないタイトルだった。

がほんとうに良くわかりました」

と語った。平日に行なわれた葬儀にも、多くのファンが参列。

「お母さんが『最後なんだから行ってあげなさい』って言ってくれたんです」

と、学校を休んできた女子高生もいた。

なお、ヒロインの兄役を演じた大河ドラマ『春日局』（それも戦死したと思いきや、僧になって帰ってくるという設定だった）のあと、ドラマ『ツヨシしっかりしなさい』の主演が決まっていた。彼の死により、主役は森且行が務めることになる。ＳＭＡＰでは初の連ドラ主演で、彼らのＣＤデビューはその2年後だ。

平成のジェームス・ディーンは男性アイドル史の節目に、無邪気でせつない印象を残して散っていった。

おとぎの国の住人
●マイケル・ジャクソン（21年・50歳）

平成21年6月25日（日本時間26日）、米国ロサンゼルスの自宅で急死したマイケル・ジャクソン。

日本でも知られた世界的スターの死としては、人気といい、衝撃度といい、平成年間最大のものだろう。

その死因は、専属医師が投薬した大量の睡眠剤と麻酔剤による中毒だと発表された。実際、不眠には悩まされていたが、大量投薬の背景については判然とせず、他殺説や自殺説も浮上。大物の死にありがちな、相続争いも勃発した。

死の7年前に作成された遺言書には、確執をささやかれていた父親の名がなかったが、父親は反論。これを偽造だとしたうえで、

「賢い連中は（略）アーティストがいつ死ねば生きている時よりも価値が上がるかを知っている」

と、意味シンなことを言って謀殺を主張した。

こうした状況はスキャンダルメーカーでもあったマイケルが死後も生き続けているかのような錯覚をもたらしたが、どこか味気なくも感じられたものだ。というのも、生前のスキャンダルのほうがもっと楽しく思えたからだ。そのあたりについて、平成5年にナンシー関が書いた興味深い指摘がある。「マイケルに関してのスキャンダルは、なんか私の好みだ」としたうえで、

「たとえばマイケルは猿のバブルス君（今も生きてるのかなあ）が大好きである。親友だ。猿だけど。（略）でも、さらにそのあと『バブルスはマイケルの愛人らしい』という話がどこからともなく流れてくる。たまらん、と思っていると、さらに『実はバブルスの中にエマニエル坊やが入っている』という話になる。あぁ、なんておもしろいんだろう。これはひとえに『マイケル・ジャクソン』の人柄のなせるワザだ」

そう、ナンシーがそうだったように、日本人の多くはマイケルのそんなところも愛すべきものとして楽しんでいたのではないか。自宅に遊園地や動物園を作ってネバーランドと呼び、そこで子供たちと遊んだり、整形に執念を燃やしたりという奇行スレスレの生き方。そして、それは彼の本業ともシンクロする。『スリラー』に代表される非日常的世界観や、ムーンウォークなどの超人的パフォーマンスは、夢に憧れ、夢を見せようとしたことによって到達できた境地だ。

もちろん、そこに彼の悲劇性もある。

「彼は子どものころからショービジネスの世界にいて、子どもらしい生活ができなかったから結局、大人になれなかったんじゃないか」

というのは湯川れい子の見方だが、マイケルが大人になれていたら、幾多の傑作ははたして誕生していただろうか。

「誰よりも素晴らしい最高のダディでした。とても愛してる」

——マイケルの長女

追悼式で11歳の長女は、声をつまらせながらこんなスピーチをした。

「ひとつ、いいたいのは……私が生まれてからずっと、誰よりも素晴らしい最高のダディでした。とても愛してる」

その頃、彼女は毎日、父が生前着ていたシャツを着て、出演ビデオを観ていたという。彼が大人になっていようといまいと、その気持ちは娘に通じていたのだ。

マイケルでいちばん好きな曲を挙げるなら『ベンのテーマ』である。13歳のときに歌ったバラードで、ソロとして初のナンバーワンソング。平成17年にはドラマ『あいくるしい』の主題歌にも使われた。哀切で素直なヴォーカルは、彼が終生こだわった少年性の魅力にあふれている。

そういうものを維持するうえで、50歳という年齢は限界だったのではないか。永遠の少年は死によってようやく、安らかな眠りにつけたのかもしれない。

当時13歳。ソロでは初の全米1位を記録した。野島伸司が脚本を手がけたドラマ『あいくるしい』には、少年時代の神木隆之介や本郷奏多が出演している。

人間の限界、本能の病としての拒食とエイズ

●アイルトン・セナ（6年・34歳）●フローレンス・ジョイナー（10年・38歳）●マッスル北村（12年・39歳）

●イザベル・カロ（22年・28歳）●フレディ・マーキュリー（3年・45歳）

スポーツには、危険がつきものだ。それはときに、死と隣り合わせだったりもする。プロレスでは、三沢光晴（享年46）やプラム麻里子（享年29）が試合中の事故で亡くなり、サッカーの松田直樹（享年34）や野球の木村拓也コーチ（享年37）のように、練習中の急病で帰らぬ人となったケースも。アスリートではないが、登山をしていて転落死した『クレヨンしんちゃん』の作者・臼井儀人（享年51）のような人もいる。訃報によって、熱心な「エホバの証人」信徒だったこともわかり、その素顔にも驚かされた。

そんなスポーツのなかでも、死のリスクを最も感じさせるのがモーター関係だ。日本人では平成15年、オートバイロードレーサーの加藤大治郎がレース中に事故死した（享年26）。まさにこれからというときの悲劇である。

日本でも大ブームを巻き起こしたF1では、平成6年、世界一のレーサーがレース中に最期を迎えてしまった。アイルトン・セナだ。「音速の貴公子」（古館伊知郎）のイメージのまま、34歳で逝ったこの男の強味について、ライバルのアラン・プロストはこんな表現をしている。

「ぼくは九十九パーセントの力しか出せなかったが、彼はレースに対してはつねに百パーセント

以上の力を出さないと気がすまない男だった。そして勝利のためにはどんなリスクをおかすこともためらわなかった」

この発言を紹介した海老沢泰久は、セナのこんなエピソードにも触れている。亡くなる6年ほど前から「レース中に神を見、神と話をしているというようになった」というのだ。海老沢はこれについて「あのような走り方をつねにしているセナ自身が神を見、神と話をしなかったら、それこそおかしなことではないか」と続ける。実際、時速300キロで競走して勝とうとするのは、神をも恐れぬ人間離れした所業だろう。あの日、セナがコースアウトして激突したのは、神と人間を分かつ壁だったのかもしれない。

なお、セナとも親しかったホンダの創業者・本田宗一郎に「レースは走る実験室」という言葉

セナは日本人の名前にも影響を与えた。元プロ野球選手の佐藤世那など、昭和末から平成初めにかけて、男女問わず流行。

がある。Ｆ１ブームは自動車における技術革新とも連動していたわけだが、人は限界に挑むうえで科学の力も使おうとする。そこから深刻化したのが、ドーピング問題だ。

平成元年2月、史上最速の女性陸上選手が引退した。その8ヶ月後にはスペシャルドラマ『華麗なる追跡』で松田優作（放送の1ヶ月後に死去）とも共演したフローレンス・ジョイナーだ。

前年のソウル五輪で3つの金メダルを獲得した彼女は、わずか1年の絶頂期でふたつの世界記録を作った。１００メートルと２００メートルで、これは今なお破られていない。日本的にいえば、昭和の末に生まれた記録が平成のあいだずっと無傷で残っているのだ。

この五輪では、男子１００メートルのベン・ジョンソンがステロイドによるドーピングで金メダルを剥奪されたが、彼女は陰性の判定。にもかかわらず、疑惑はくすぶった。29歳での早い引退は、強化が決まっていたドーピング対策から逃れるためなのではとか、選手時代の女性らしさを強調したファッションも男性的になった肉体をカムフラージュするためではなどといわれたものだ。

そこに拍車をかけたのが、38歳での急死である。死因の心臓発作はステロイドの副作用では、とささやかれた。そして、平成29年には、世界陸上競技連盟が異例の記録見直しを検討。ドーピングがひどかった時代から存在し続け、疑惑の消えない記録を白紙にすることを考えるというものだ。これに対し、ジョイナーの夫が「家族の名誉が汚されてしまう。私は死ぬ気で闘う」と抗議したりもした。

ところで、ソウル五輪の際、アナウンサーはベン・ジョンソンについて「人間の体とは思えません」と実況していた。実際、その筋肉の鎧は薬物のおかげでもあったわけだが、そういうものを別のかたちで極めようとして亡くなった人もいる。

「今ある自分から違う自分にワープできる」
——マッスル北村

マッスル北村、というボディビルダーをご存知だろうか。東大中退のイケメンで『さんまのナンでもダービー』などのバラエティやCMでも活躍した。小学生の頃から「超人志向」を持ち「肉体的にも、精神的あるいは知的にも、すべて限界に挑むことを目標にしていた」という。

そこで、プロボクサーを目指したりしたが、平和的な性格ゆえ、相手を思い切り殴れず、挫折。

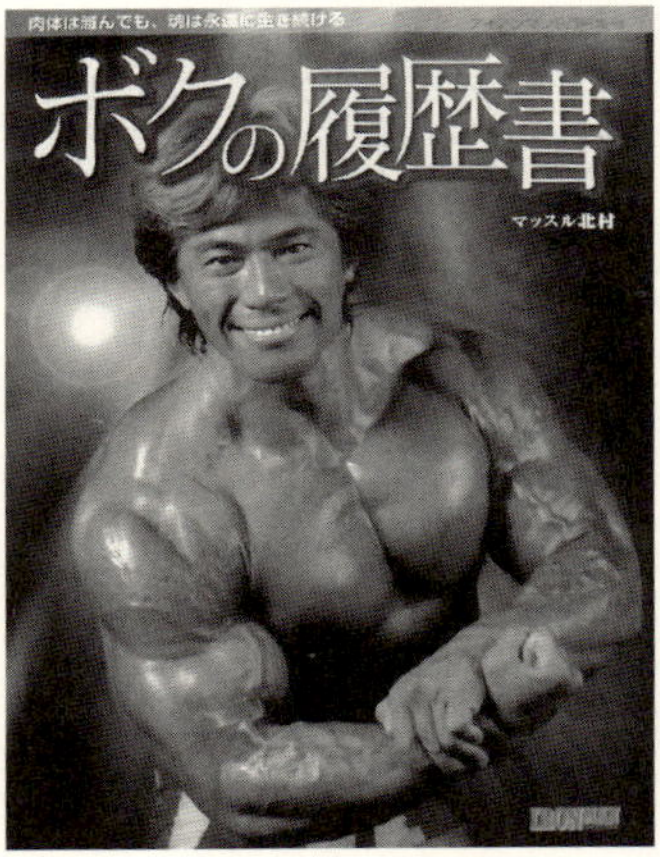

その徹底した生き方をリスペクトする者は少なくない。自伝『ボクの履歴書』は信者たちのバイブルに。

大学入学後に出合ったのがボディビルだった。その魅力について、彼はこう語っている。

「今ある自分から違う自分にワープできる。自分で自分をデザインしていくことができるんですね。まだ自分が発見していない自分に出会うことができる。人間は変えられるんだということに気づくんです」

もちろん、自分を「ワープ」させるのは容易ではない。食事ひとつとっても、常人では真似のできない努力が必要だ。彼は吐きそうになりながら「強力わかもと」片手に成人男性の標準摂取量の5倍ものカロリーを流し込み、体を大きくした。と同時に、大会に向けては筋肉をよりアピールするため、脂肪を削ぎ落とす。飴ひとつのカロリーも拒否するほど、彼はこの点においても徹底的だった。

おかげで日本一になり、世界でも4位に。ただ、常人はおろか、他のボディビルダーでもやらないような苦行はやはり危険なことだった。平成12年、彼は「ワープ」に失敗してしまう。過激な絶食から低血糖状態に陥り、39歳の生涯を閉じたのである。

北村はある意味、本能に抗おうとしていたのだろう。また、ボディビルのためとはいえ、過食と拒食を繰り返すその姿は、摂食障害の人たちにも通じるものだ。そして、この病により亡くなった人もいる。カレン・カーペンター（昭和58年・享年32）の死は有名だが、平成年間にもアナ・カロリナ・レストン（平成18年・享年21）やイザベル・カロ（平成22年・享年28）といった外国人女性の夭折が衝撃を与えた。

このうち、イザベルはイタリアの拒食症啓発キャンペーンのポスターでヌードになり、注目を浴びた。平成22年には来日して『ベストハウス123』に出演。回転寿司店に入るなどして回復への意欲を示しつつ、無理なダイエットの怖さを警告してもいたのだが……。これが放送されたとき、彼女はもうこの世の人ではなかった。東京で持病の呼吸器疾患を悪化させ、フランスに帰国後、入院。番組収録から10日ほどで他界していたのだ。

日本人では、平田実音の死に摂食障害の影を感じてしまう。子供向け料理番組『ひとりでできるもん』の舞ちゃんである。10代後半には『みんなの広場だ！わんパーク』でMCもこなしたが、拒食症を思わせる激痩せをきたしていた。その後、引退して、死の数年前にはEテレの記念番組にVTRでコメント。元気そうに見えたものの、平成28年、肝不全のため、33歳で亡くなったことが報じられた。

また、著書で拒食症経験を告白した劇作家の如月小春も、平成12年にくも膜下出血で世を去っている（享年44）。人間は飢餓に強くできているとはいえ、健康への影響は小さくないのだろう。

そんな摂食障害について、中島梓がこんなことを書いている。『彼女たちはなぜ拒食や多食に走る。』（鈴木裕也）に寄せた推薦文の一節だ。

「それはあるいは、AIDSよりもさえ恐しいかもしれぬ、二十世紀の『死に至る病』である。（略）いつのまにか我々の種としての存続の本能、そのものに忍びよってくる、いわば人類という種そのもののガン細胞である」

つまり「本能の病」というわけだ。たしかに、摂食障害は食という本能をめぐる病理だし、彼女が引き合いに出したエイズもまた、性という本能に関わっている。こちらは性交渉、とりわけ男性同士のそれによって感染しやすいことが波紋をもたらした。それは性の自由化や多様化が進みつつあった世の中に冷や水を浴びせることでもあったからだ。

さらにいえば、摂食障害はもっぱら飽食を謳歌する先進国で起きたが、エイズは容赦なく飢餓と貧困に悩まされる発展途上国に襲いかかった。アフリカのレソト王国のように、国民の4分の1がHIVに感染して、成人の平均寿命が60代から30代まで下がり、人口が2割減った国まである。

「こんなものを見せてしまってすまない」――フレディ・マーキュリー

平成初期には、先進国でも死者が多く出た。米国の画家、キース・ヘリング（平成2年・享年31）や英国の歌手、フレディ・マーキュリー（平成3年・享年45）はともに同性愛者でもあり、国際的にも衝撃を与えたものだ。

このうち、フレディは四半世紀以上あとに再注目された。平成30年、映画『ボヘミアン・ラプソディ』が日本でもヒットして、Ｑｕｅｅｎと彼のブームが起きたのだ。メディアも頻繁にとりあげ『直撃！シンソウ坂上』では、死の直前にブライアン・メイと交わしたやりとりが紹介された。彼は壊疽でそのほとんどが失われた片足を見せ「こんなものを見せてしまってすまない」と言い、長年の友は「君がそんな痛みと闘っていたなんて」と嘆いたという。

また、この番組では、作詞家のティム・ライスによる『ボヘミアン・ラプソディ』評も紹介された。

「これは、フレディが自分はゲイだと認めたメッセージだ。『ママ、人を殺してしまったよ』という部分は昔のフレディのイメージを自分自身で殺したという意味だ。異性愛者としての自分は死んだ。新しい本来の自分として生きていくという意味だ」

一理ある分析だと思うが、個人的にもっとしっくりきたのは『ＳＯＮＧＳ』で古田新太が語ったフレディへの讃辞だ。

「なんでしょうね、フレディが気持ち悪いっていうのが、どうしてもありましたね。美学にその独特のものがあるというか。ＰＶとかでも女装しだすんですけどね、ヒゲはやしたまま」「なんでヒゲはやしたまま女装してたんだろうな。数多くのそんなことしちゃっていいんだ、っていうのを教えてくれたバンドだと思います」

平成の世では、性に限らず、人はもっと自由で多様でいいのではという価値観が広まった。それを世界的スケールで体現した男が、時代の区切りに脚光を浴びたのも象徴的だ。その芸能的冒険は、次の世にも語り継がれていくだろう。

第五章

死で振り返る平成事件史

エロスと暴力の果て その1

ヤンキー型とオタク型、それぞれの狂気

●女子高生コンクリート詰め殺人（昭和63年〜元年）●幼女連続殺人（昭和63年〜元年）

平成に入って最初の、世間に大きな衝撃を与えた事件、それは女子高生コンクリート詰め殺人事件（東京都）だろう。

10代後半の少年4人によって誘拐され、監禁された17歳の少女が、残忍な暴行と強姦、虐待の果てに息を引き取ったのは、まだギリギリで昭和だった64年1月4日。しかし、発覚したのは平成元年の3月29日のことなので、平成の事件死として扱うことにする。

マスコミが紹介した写真では、色白豊類の美人だった少女は、前年11月から40日間にも及ぶ日々の中で激痩せし、全身に傷を負い、見るも無残な姿だったという。にもかかわらず、少年たちは最後の日も暴行を繰り返す。それは『なんてったってアイドル』（小泉今日子）をＢＧＭにするなど、享楽的なものだった。そして翌日、少女が亡くなっていることに気づくと、死体をドラム

缶に入れ、セメントを注いで固めたうえで、埋立地に遺棄したのである。

これがいかに衝撃的だったかは、後年、芸人のスマイリーキクチが犯人グループのひとりだったというデマをインターネットで流され、ほぼ廃業状態に追い込まれるという二次的事件が起きたことからもうかがえる。当時の世間における関心も高く、その理由について、主犯格少年の精神鑑定も行なった医師・福島章はこう語っている。

「性と暴力というのは、何か人間の根源をゆさぶるものがありませんか」

まったくその通りで、それは同時期のもうひとつの事件がよりいっそう証明していた。前年6月からこの年の6月までに、埼玉や東京で4人の子供が犠牲になった幼女連続殺人事件だ。

平成元年3月には「今田勇子」の名で犯行声明が行なわれ、メディアも世間も、不安と興味で

平成元年8月、実況検分での宮崎。大量の報道がされるなか、地元で小さな新聞社を経営していた父はつらい心境だっただろう。

もって犯人像を推理した。やがて、7月から9月にかけて、犯人が逮捕され自供にいたると、今度は事件の背景などをめぐり、関心がヒートアップする。

その理由はもっぱら、犯人・宮崎勤のキャラクターだった。前出のコンクリ詰め事件については、主犯格の少年が暴力団とつながりを持つなど、昔ながらの「ヤンキー型犯罪」として解釈されたが、こちらはそうではなかったからだ。

家業を手伝いながら、ビデオやマンガがあふれる部屋で暮らす宮崎青年は、いわゆる「オタク」であり、これは史上初の本格的な「オタク型犯罪」として認知された。6千本近い所有ビデオのなかには、被害者の幼女を撮影したものも含まれ、世間とりわけ親世代は、昭和終盤から注目されるようになった、この手の人たちに対し恐怖と好奇心を呼び起こされたのだ。

実際「おたくの〝宮崎度〟チェック表」などという企画を行なう週刊誌まで出現。とはいえ、ヤンキーがみな、人を殺したりしないように、オタクもまたしかりだ。そもそも、オタクは現実よりフィクションを愛し、そこにもっぱら充足していたりする。それゆえ、評論家の大塚英志のように「オタク＝悪」と見なしかねない風潮に対し、異議を申し立て「僕が守ってやる」と宣言する者も登場した。

そういう意味で、犯人はまっとうなオタクになりそこねたともいえる。ではなぜ、そうなったかといえば、犯人の父親による証言がある。彼は「仕事の鬼だった自分」が「気持ちをくみ取れなかった」としたうえで、息子が「生まれつき少し不自由だった手を気にしていた事実」を挙げた。

なお、この父親はのち自殺。平成20年に死刑になった息子よりも先に世を去ってしまう。

個人的に印象的だったのは、犯人が逮捕される前の6月に起きた奇妙な偶然だ。お見合い番組の『ねるとん紅鯨団』に出た中森明菜が「好きなタイプ」をきかれ「山崎努」と答えようとして「ミヤザキツトム」と言い間違えてしまった。この翌月、彼女は自殺未遂。さらに翌月「宮崎勤」という犯人が実名報道されるようになったことで、この件が一種の怪談のように語られるようになっていく。

また、獄中の宮崎と文通していた若い女性もいる。

「かわいそう……、というか何とか彼の力になりたいと思ったんです」

という気持ちから手紙を送ったところ「アニメ映画『風の谷のナウシカ』の主題歌と、幼女が花畑で戯れる映像が印象的なお菓子のコマーシャルソングの歌詞」が書かれた返事が届いたという。ちなみに、この女性は「パリ人肉事件」の犯人で作家になった佐川一政の知り合いでもあった。こうした猟奇的事件に吸い寄せられる人もいるわけだ。

それこそ、福島のいう「性と暴力」が「人間の根源をゆさぶる」ということだろうか。

さて、この二つの事件はグループや個人の「狂気」が引き起こしたといえるが、平成2年には、それとは別の「狂気」のしわざというべき惨事が起きた。「校門圧死事件」である。

逃げ場をなくす子供たち

●神戸校門圧死（2年）●森安九段刺殺（5年）

神戸の県立高校での行き過ぎた登校指導により、高校2年の女子生徒が犠牲になったこの事件は、管理教育のすさまじさを改めて世に知らしめた。時間ギリギリに校門を通り過ぎようとした彼女に対し、教師が確認を怠り、全力で鉄扉をスライドさせたため、頭蓋骨骨折などで死亡。この教師には前任校でも男子生徒を殴ってケガをさせた過去があり、懲戒免職となった。

しかし「暴力」的だったのはこの教師だけではなかったようで……。事件の数日前には、2年生の風紀が乱れているとして学年集会が開かれ、生徒たちは正座をさせられたうえで、別の教師にこう言われていた。

「お前たちは家畜だ。だから、言ってもわからんヤツは、どついてもわからせる！」

いわば学校全体に、生徒を力ずくで従わせようとする空気が充満していたのだろう。昭和の後期から管理教育が日本のあちこちでエスカレートしてきたなかで、こうした事件はいつどこで起きてもおかしくはなかった。

ちなみに、心理学者の岸田秀はコンクリ詰め殺人や幼女連続殺人について「遺伝」的なものではなく「どこかでそういう行動パターンを身につけた」のだと見る。

「だれから行動パターンを受け継ぐかというと、まず親、それから教師などです。これらの犯人は親や教師にやられたことを、こんどは自分が主体になって反復するわけです」

強い者に支配されたり、排除されたりした経験から、自分も同じことを弱い者に向けて行なうようになるというわけだ。もちろん「ほとんどの人は犯罪にまでいたらない」のだが。

「でも、体罰をする教師なんかは、かなり暴力犯罪の病原菌を世間にまきちらしていることは間違いないですね」

かと思えば「強い者」への直接的な逆襲が行なわれることもある。平成5年に起きた「森安九段刺殺事件」はそういうものだったのだろう。将棋棋士の森安秀光が自宅で刺殺され、中学1年の息子が犯行を否認したまま、少年院に送られた。

息子は父親に、灘高から東大へという期待をかけられ、進学塾にも通っていたが、成績が振る

森安は昭和58年に棋聖を獲得後、しばらく低迷。A級復帰を目指し、順位戦に挑んでいるなかでの悲劇だった。

わず、学校や塾のかわりにファミコンショップに入りびたりだったという。

「あんなに怒られては、ぼくの逃げ場、立場がない!」

これが事件直後、母親に発した言葉だった。

いつの世も、人はそれぞれ不満を抱えながら生きている。その不満がときに、死にもつながる事件をもたらすのだろう。ただ、ごくまれにその不満が大きな集団に糾合され、騒乱というべき状況を生むことがある。

じつはこの時期、そういう状況が進んでいた。オウム真理教の事件だ。

乱世としての平成ひとケタ

世界史の節目と平和ボケの日本

●天安門(元年) ●ベルリンの壁崩壊(元年) ●湾岸戦争(3年) ●『悪魔の詩』訳者殺人(3年)

オウム真理教は昭和59年、麻原彰晃こと松本智津夫によって誕生。最初は「オウム神仙の会」と名乗ったが、3年後に改称し、平成元年、東京都に宗教法人として認証された。しかし、この直後には弁護士の坂本堤らによって『オウム真理教被害者の会』が設立され、こうした動きを警戒した教団によって坂本弁護士一家殺害事件が起こる。

ただ、これは当初「失踪」事件として捜査され、オウムの犯行とは断定されなかった。唯一の物証は、現場に落ちていた教団バッジのプルシャだが、見つけたのが警察署員ではなく坂本弁護士の母だったため、麻原は「その行動には疑問がある」と反論。警察も「オウムを犯人に仕立てるために仕組まれたのでは」と疑い、捜査は難航してしまう。

そんななか、オウムは「怪」進撃を続けていった。平成2年には政界進出を狙って、衆院選に25名が立候補。惨敗に終わったが、世間の認知度は上がった。「♪ショーコー、ショーコー、ショコショコショーコー」という『尊師マーチ』や象の頭を持つ神・ガネーシャの帽子を用いた選挙応援が、怪しいけど面白そうな集団というイメージももたらしたのだ。

宗教学者の島田裕巳のように、

「オウム真理教はディズニーランドである！」（『別冊宝島114　いまどきの神サマ』）

として、魅力を語る文化人も次々と現れたし、麻原らは『朝まで生テレビ！』や『とんねるずの生でダラダラいかせて!!』などに出て、人気者になった。じつは選挙に惨敗したあと、オウムは武装化路線に転換したが、国の監視や締め付けが厳しくなると、ソフト化路線を装う賢さを持ち合わせていたのである。こうして彼らは「怪しいけど面白そうな集団」というイメージのまま、内部的には粛清や兵器作りにいそしみ、ポアという名の殺人、ひいては国家転覆すら企む集団へと過激に変貌していく。

この戦略が数年間にわたって成功したのは、当時の国際情勢も関係していたかもしれない。ベルリンの壁の崩壊に中国の天安門事件（ともに平成元年）、イラクのクウェート侵攻（2年）からの湾岸戦争（3年）、そしてソ連が終わった（3年）。そんな激動は、平和ボケ気味の日本ではどこか別世界の出来事に思われていたものだ。それこそ、オウムが省庁を真似た組織編成を始めても、子供の国家ごっこのようにしか受け止めていなかった。

平成3年には、イスラム世界で問題化していた『悪魔の詩』を翻訳した五十嵐一が何者かによって殺害されたが、そういう宗教の激烈さを理解できる日本人は少なかった。また、平成2年にバブル経済は崩壊していたとはいえ、まだまだ余熱が残り、よくも悪くも浮ついたムードのなかでオウムも娯楽として消費されていたふしがある。

オウムはなぜ娯楽化したのか

●坂本弁護士一家殺害（元年）●松本サリン（6年）●地下鉄サリン（7年）●村井秀夫刺殺（7年）

平成7年に発覚するTBSのビデオ問題なども、こうした空気を象徴していた。ワイドショーのスタッフが坂本弁護士のインタビュー映像を事前にオウム幹部に見せたことが、事件につながったのではとされる一件だ。テレビにとってオウムは数字がとれるネタで、うまくつきあいたい相手であり続けた。

それは、他のメディアも同様。知り合いの宝島社社員（20代の女性編集者）にも社命でオウムに偽装入信させられた人がいる。それくらい情報が欲しかったたし、それほど危険視もしていなかったのだろう。

そういう空気のなかで、平成6年、松本サリン事件が起きた。死者は8名。そのなかには、当初犯人扱いされてしまった人の妻も含まれている。オウムはここでも捜査をかいくぐり、サリンの殺傷能力も確認して、翌年3月、ついに地下鉄サリン事件を勃発させるわけだ。

ここでの死者は13名で、負傷者は6300人以上。国内では未曾有の、世界的にも有数の化学兵器による無差別テロである。ただ、オウムにとっては物足りない結果だったのではないか。散

麻原彰晃こと松本智津夫（享年63）。平成の重要人物10人を選ぶなら、この男は外せないのではないか。

布したサリンの量を考えれば、もっと大量の死者が出てもおかしくなかった。

それを食い止めるために殉職した鉄道マンがふたりいる。そのうちのひとりの妻は、

「お父さんが地下鉄の車内にこぼれた液体をふき取らなかったら、もっと多くの乗客が倒れていたでしょう。お父さんは最後まで責任を果たしてくれました」

と語った。彼はその作業を終えたあと、駅の事務室から管轄の電車区に電話をかけ、

「ガソリンのようなにおいがする。気分が悪いから病院に行きます」

と告げたところで泡を吹き、意識を失ったという。

実際、サリンは米ひと粒の重さでも人が死ぬというシロモノだ。その被害は、教団がサリンを生成するなかで信者にも及んでいたらしい。オウムが拠点とした山梨県上九一色村で反対運動を主導してきた竹内精一は、事件の3ヶ月後『週刊朝日』でこんな話をしている。

「私自身、今年一月、顔がのっぺらぼうになった信者が歩いているのを目撃しました。皮膚がべろんとはがれている、十メートルほど離れていたけど、ギョッとした」

そんな犠牲を払っても、オウムが地下鉄にサリンをまいたのは、捜査かく乱が目的だった。しかし、その狙いとは逆に、彼らは一気に追い込まれていく。2日後、強制捜査が行なわれ、5月には実行犯の幹部らが逮捕。続いて、首謀者として麻原も逮捕された。

これを機に、その実態も明らかにされていくわけだが――。世論が完全にオウム憎しに染まったわけではなかった。のちに作家となる雨宮処凛は、事件の3年後、オウムへの「シンパシー」をこう表現している。

「ムチャクチャありますよ。サリン事件があったときなんか、入りたかった。『地下鉄サリン、万歳！』とか思いませんでしたか？（略）『やってくれたぞ！』って」

これはさすがに少数意見だとしても「怪しいけど面白そうな集団」というイメージが消えることもなかった。というのも、いわゆるオウム劇場的な状況は地下鉄サリン事件後も続いたからだ。麻原の弁護を引き受けた横山昭二が「へんてこ弁護士」としてモノマネの対象になったり、実行犯ではなかった幹部についてはこんな話題も報じられた。

「オウム特集そこが知りたかった《第14弾》上祐史浩氏（32）告白インタビュー『童貞喪失は22歳。相手は都澤さんでした…』」（週刊女性）

美男美女の信者同士の恋愛が「そこが知りたかった」として見開き記事になる程度にはまだまだ浮ついていたのである。

思うにこれは、オウムの脅威を感じた大衆の防御反応でもあったのだろう。火事が起きたとき、対岸にいて無責任な野次馬になることが安心につながるように、怖いものに巻き込まれないようにするには、興味本位に傍観しながら騒げる立場にいるのが有効だからだ。そういう意味で、横山弁護士の喜劇は坂本弁護士の悲劇を中和させるにはうってつけだった。

また、その脅威には、ひとつ間違えば自分も、というのもある。オウム信者には医師をはじめとする知的エリートも多く含まれ、その事実は誰もが信者となり殺人者となる可能性を感じさせた。オウムウォッチャーのひとり、江川紹子は平成10年『青春探検』という番組でこんなことをつぶやいていたものだ。

「オウムにも、いろんな旅をしてた人がいるのよ。なんか、探してたのかなぁ……」

自分探しの旅の途中で、反社会的宗教にハマってしまう危険はゼロではない。だからこそ、あくまで非日常的なオウム劇場を眺める観客でいることが必要だったのだ。

そのドラマ性については当時、司馬遼太郎がこんな指摘をしている。

「たとえば、村井秀夫という人。殺人手配人だったそうですが、有能な陸軍大尉のようにふるまったあげく、殺される。そのシーンなどが頭に焼きついていて、まるでシェイクスピア劇のような展開がある」

麻原に次ぐナンバー2ともいわれた村井は地下鉄サリン事件の1ヶ月後、教団の東京総本部に戻ってきたところを包丁で襲われた。リポーターは「村井さんがいま刺されたようです」と報じ、搬送された病院には輸血を志願する信者が続々と……。犯人は暴力団員だったが、村井は最期に「ユダにやられた」と口にしたとされる。オウムウォッチャーの有田芳生は、村井がいつも使っていた地下の入口を上祐が閉めるように指示していたという疑惑を指摘。裁判で「村井は麻原に殺された」と証言した幹部もいて、教団による口封じ説も根強い。この生々しい遭難映像はニュースやワイドショーで繰り返し流され、謎めいた背景もあいまって、オウム劇場のなかでも有数の衝撃的シーンとなった。

ただ、麻原の逮捕を機に、オウムは忘れ去られていく。その後も逃亡犯が捕まったり、麻原の裁判や刑務所での奇行が報じられたりしたが、平成30年、13人の死刑が執行されたことでひと区切りついたかたちだ。事件を風化させてはいけないという声も一部で聞かれはするものの、そもそも、日本人はそれほど宗教に関心がない。前出の司馬も、そこに日本らしさがあると評価していた。

「身もフタもない言い方をすると、本来が無思想なんじゃないか。無思想という思想が日本人の底に底にあって、だからこそここまで来たんじゃないかと。無思想というのはある種の美意識なんです」

オウム事件はこの「美意識」を思い出させ、そのありがたみを見直すきっかけになったかもしれない。宗教に深入りは禁物、ヘタに関わらないほうがいい、という感覚だ。

そういえば、オウムとほぼ同時期に台頭した宗教に「幸福の科学」がある。平成3年には、批判報道をした講談社に激しい抗議を行なった。

幸福の科学の信者だった景山民夫。ほかに『オレたちひょうきん族』のフルハム三浦(三浦和義のパロディ)や直木賞作家としても脚光を浴びた。

完全燃焼した広告塔

●景山民夫死亡（10年）●福島悪魔払い殺人（7年）

その先頭に立ったのが、放送作家出身のマルチタレント・景山民夫だ。これを機に、大手メディアからは敬遠されるようになったが、自身の信仰を貫いた。しかし、平成10年に自宅の仕事場で焼死（享年50）。たばこの不始末もしくは電気スタンドの過熱で発した火が、趣味のプラモデルに使う塗料に引火し、爆発したとされる。

その後、幸福の科学の機関誌に彼の文章が掲載された。書かれた日付は死の4日後で「帰天直後のあの世からのメッセージ」と題され、そこにはこんな一文が。

「文字通り『完全燃焼の人生』で僕らしかったかもしれません」

焼死ゆえの完全燃焼――これを紹介した『噂の真相』は「ダジャレとしても寒すぎる」と茶化しているが、信者のなかには感動した人もいたことだろう。

この時期にはほかにも、福島の悪魔祓いやライフスペース、加江田塾といった事件が騒がれた。ちなみに日本史において、宗教が最も過激化したのは一向宗やキリスト教が流行した戦国時代である。

平成ひとケタは、一種の乱世だったのかもしれない。

通り魔殺人 他殺性と自殺性

「ゲームの始まりです」

●神戸連続児童殺傷(9年)

地下鉄サリン事件の2年後、世間に衝撃をもたらしたのが神戸連続児童殺傷事件である。こちらは前代未聞の少年による凶悪犯罪だった。

平成9年2月から5月にかけて、5人の小学生が襲われ、うち2名が死亡。5月に殺された小6男児の首は切断され、少年が在籍する中学校の校門前に置かれていた。その口には、紙がくわえさせられ、こんな犯行声明が。

「さあ　ゲームの始まりです　愚鈍な警察諸君　ボクを止めてみたまえ　ボクは殺しが愉快でたまらない　人の死が見たくて見たくてしょうがない(略)」

そこには「酒鬼薔薇聖斗」という署名があり、それがいったいどういう人物なのか、メディアも世間も騒然として注目することになる。

だが、14歳の中学3年生（犯行開始時は中2）の仕業とは誰も想像できなかった。それゆえ、犯人判明後の関心は、なぜ、そんな子供がこれだけの事件を起こすにいたったかということに移行。それは犯人周辺がすさまじい取材攻勢にさらされることでもある。被害者の親や加害者の親、最終的には本人の手記も出版された。

そこから見えてきたのは、少年が死に親しみを感じ、性的衝動を覚える傾向の強いタイプだということだ。たとえば、小学校の卒業文集に阪神大震災をとりあげたときは、村山富市首相（当時）の対応をこう非難した。

「ぼくは、家族が全員死んで、避難所に村山さんがおみまいに来たら、たとえ死刑になることが分かっていても、何をしたか、分からないと思います」

また、警察の取調べには「人の死を理解するために、自分が死をつくりださなければならない、つまり人を殺さなければならないと考えた」と哲学的に語りつつ、

「児童相談所では適当に『学校がしんどい。学校には自分の居場所がない』と話し、自分の本心は言っていませんでした。『猫の解剖に飽きたので、人を殺してみたい』とは打ち明ける気はなかった」

そういう自分を持て余していたことも明かした。さらに、精神科医のなかには、

「私は、これは簡単に自殺が他殺になるという現象かもしれないと思う」（日向野春総）

という見方も。実際、少年は「捕まったら三日後には死刑になる」と考えていて、法廷でも「早く死にたい」と口にしたという。

そんな危うさとは対照的に思えたのが、少年が通っていた中学の校長の姿だ。川柳や狂歌などを詠むのが好きで、新聞や雑誌にもちょくちょく掲載されていた。事件後もそれを続け「世の中に　欠けたるものが一つあり　ペンの暴力　裁くものなし」などと、メディア批判もしていた（ただし、これは不採用作）。

しかも、事件翌年の3月には卒業式を終えた足でストリップ劇場に行き、これを激写されてしまう。おかげで自宅謹慎処分となったまま、定年退職を迎えることに。それでも「ストリップ通いは大学時代から」「恥ずべきことだとは思っていません」として、

「私は酒が飲めないので、赤提灯に行ってウサばらしをする代わりのストレス発散法という感覚でした」

と、説明した。この人は長年、こうして性的衝動のバランスをとってきたのだろう。少年もなにか法に触れない彼なりのバランスのとり方を見つけられたらよかったのだが――。

なお、こうした報道のなかで『ＦＯＣＵＳ』と『週刊新潮』が少年の顔写真を掲載。これに憤った灰谷健次郎が新潮社からの全自著の引き上げを宣言したりした。筒井康隆はそういう「乱暴な雑誌」が出てもいいし、そういう「硬骨の作家」がいてもいいとして、こんなことも書いている。

「その論法でいくと、酒鬼薔薇聖斗のような少年だって、ひとりくらいは出現した方が社会的バランスがとれるということになってしまうが、いくら何でもこれはちとまずい。しかしもう出現してしまっているのだからしかたなしに言うと（略）」

たしかに、出現してしまうものはしかたない。日本人はこの2年後にも、それを実感させられることになる。光市母子殺害事件だ。18歳になったばかりの少年が見知らぬ主婦を殺したあと、屍姦し、生後11ヶ月の娘も殺すという痛ましい事件で、平成24年に死刑が確定した。

「ドラえもんが何とかしてくれる」

●光市母子殺害(11年)●西尾市ストーカー殺人(11年)

ただ、そこにいたるまでの13年間、世間にはさまざまな議論が巻き起こった。妻子を殺された夫は、

「私にとって、犯人にできる唯一の償いは死んでもらうことです」

などと、メディアで積極的に発言。これに対し、加害者が友人に宛てた手紙で「調子付いてる」と揶揄するなど、これほど対立構図があらわなケースも珍しかった。しかも、途中で死刑廃止論者の豪腕人権派弁護士が弁護団に加わったことから、新たな供述も展開されることになる。

すなわち、加害者が主婦に抱きついたのは自殺した母の面影を重ねたからで、抵抗されパニックに陥ったとか、屍姦は生き返らせるためだったとか。さらに、死んだ乳児を天袋に置いた理由は、にわかに信じがたいものだった。

「押し入れの中というのは、ぼくにとってドラえもんが住んでる、四次元ポケットですね。何でも叶えてくれる。(略)押し入れに入れることで、ドラえもんが何とかしてくれるという考えが

ありました」

裁判所はこれらを「虚偽の弁解」「被告人の反社会性が増進した」と見なし、死刑の判決は揺るがなかった。

この事件の4ヶ月後には、西尾市ストーカー殺人事件が起きる。17歳の少年が元・同級生の女子高生をナイフで刺殺。少年は警察の取調べに、こう語った。

「僕が英恵を殺した理由は、神戸事件の犯人・酒鬼薔薇聖斗が中三であそこまでやれると尊敬し、酒鬼薔薇聖斗に近づきたいと思っていたことです」

そして「大人になったらいつか犯罪をやってしまいそうな気がする」ため、

「それなら、少年のうちにやった方が処分が軽くて済むと考えました」

とも。こんな犯人を被害者の親が許せるはずがない。父は現場に急行したときのことを振り返り、

「今思えば、あの時、この手で殺すべきでした」

と、悔やんだ。さらに、今後についてもこんな疑問を投げかけたのである。

「少年法で彼を更生させるというのであれば、せめて国は最後まで責任を持って矯正するべきではありませんか。もし、彼がまた忌まわしい行為を繰り返したら、一体、誰がどう責任を取るのか」

この危惧は的中し、この少年は事件から13年後、通りがかりの20代女性への傷害でまた逮捕された。動機については、

「自分の人生がむちゃくちゃなので、他人の人生もむちゃくちゃにしてやりたかった」「今回の事件は自殺のようなもの。自分で死ぬ勇気がなかったので人を襲った」

などと語っている。

17歳、高齢者を襲う

●豊川市主婦殺人(12年)●西鉄バスジャック(12年)

少年による凶悪犯罪の連鎖は、明くる平成12年も続いた。まずは5月1日に起きた、豊川市主婦殺人事件。犯人は17歳の高校3年生で、

「人間はどの程度の暴力で死ぬのか、確かめたかった。自分の求めるもののために、人を殺すとはどういうことか知る必要がありました」

というのが理由だ。「未来のある人は避けたかった」として縁もゆかりもない64歳の主婦を金槌で殴るなどして殺してしまった。

その2日後、夫との昼食時に新聞記事を見ながらこれを話題にした女性教育者がいる。

「『高齢者であれば誰でもよかった』なんて世の中、どうなっとんの？　やはり親がしっかりせんと子供が大変なことになる」

そんな言葉を口にしたあと、彼女が向かったのは佐賀バスターミナル。その数時間後、彼女は西鉄バスジャック事件で、68年の人生を閉じることになった。

その犯人は、豊川の事件について、

「すばらしい!! しかも僕と同じ17歳とか…? よい風潮だ。40ヶ所も刺した快感はどうだった⁉」

と日記に書き、バスを乗っ取った。21人いた乗客のうち、刺したのは3名だが、この女性を選んだのは「嫌な学校を思い出させたから」だという。同行した女性によれば、彼女は「アメリカの遺伝子治療の進歩」について熱く語っていた。

少年は中学時代、いじめなどでうまく適応できず、高校もすぐに退学。引きこもりになった。インターネットの2ちゃんねるに熱中したものの、家庭内暴力がエスカレートしていく。途方に暮れた親がラジオで知っていた精神科医の町沢静夫に相談したことを機に、地元の病院に入院したが、彼には不本意だったようだ。外泊期間を利用して、犯行に及ぶのである。

こうした経緯から、医療をめぐる議論も浮上。町沢が「犯罪の恐れがあるから入院させたのに、外出許可を与えるとはどういうことか」と批判すれば、地元の病院は「少年に対する措置は妥当であり、危険は予測できない」と反論した。少年の初診時には「町沢氏の高圧的な助言により、入院させた」という但し書きまでカルテに記され、あとから棒線で消されていたという。他の精神科医からは「少年に面会しないまま、強制的に入院させた」ことが「むしろ少年の病状を悪化させたに等しい」とする指摘も飛び出した。

また、殺された教育者と同行していた女性は、自らも大ケガを負わされながら、犯人に同情の念を抱いた。教育者のアドバイスによって、不登校だった長女と向き合えた経験から「この両親には事件の本質が何もわかっていない」とも感じたという。

「私はね、大人として彼に謝りたいと思いました。それを伝えに行きたかった。（略）大人の責任ですよ、これは」

と考え、4年後、成人した犯人と面会。

「つらかったね、大変だったね」

と、背中をなで、慰めるようなことまでした。

かと思えば、少年が2ちゃんねるで過激な書き込みをしていたとき、面白がって煽りたてていた男がその後、司法試験に合格して弁護士になったという話もある。殺人事件をめぐる人生模様はさまざまだ。

障害、人権、正気と狂気

●レッサーパンダ帽男殺人（13年）●附属池田小（13年）

さて、ここまでは少年による犯罪だったが、この翌年には成人した男の殺人事件がふたつ注目された。ともに、医療と犯罪についても考えさせられた事件だ。

まず、レッサーパンダ帽男殺人事件。都内で19歳の女子大生が、レッサーパンダの帽子をかぶった29歳の男にいきなり包丁で刺され、亡くなった。この犯人が知的障害者だったことから、主任弁護人はこう擁護した。

「本人は生まれてきたくなかった、と言っている。（略）いままで家族に与えた迷惑に気付き一生懸命やり直そうともがいていたのに、運が悪かった」

この弁護士は知的障害者の人権問題と事件に関するエキスパートで「心神耗弱についての鑑定」を求めた。が、犯人は7年前にも強制わいせつと強姦未遂の事件を起こしており、その際の鑑定結果は「軽度の精神薄弱と考えられるが、是非や善悪の弁別能力はある」というもの。この殺人事件でも責任能力は問われ、最終的に無期懲役が確定している。

動機については、

「かわいかったので女性についていき、声をかけようとしたら振り返った。それもびっくりした様子だったので、カーッとなって背中を刺した」

とのこと。殺されたほうこそ「運が悪かった」というほかないし、浮かばれない死に方だ。

その2ヶ月後には、附属池田小事件が世間を震撼させた。大阪の小学校に包丁を持った男が侵入し、低学年の児童8人を殺した事件だ。

犯人は37歳で、22歳での婦女暴行を皮切りに十指に余る事件を起こしていた。職も転々とし、結婚と離婚も4回ずつ。その人間性について「長年、付き合いのある地元関係者」のこんなコメントが『週刊文春』に紹介されている。

「あいつは法の網の目をかいくぐるために巧みに『正気』と『狂気』を演じわけているんです。本人自身が『俺は精神病やから何やっても大丈夫なんや』とうそぶいているし、そのアリバイ作りのために薬を飲んでいるフシがある」

親族からも、こんな「本音」が。

「死刑になるべきや。身内から獄死者出すんは恥ずかしいけど、この際、そんなこと言うとられへん」

そして、最後は本人も死を望んだ。精神鑑定で責任能力があるとされ、観念したのか、死刑が決まると一刻も早い執行を要求したのだ。それでいて、死刑廃止論者の女性と獄中結婚するなど、人間的な欲望も死ぬまで衰えなかった。殺された8人の子供たちより、人生を愉しむことができたようにも見える、というのは言い過ぎだろうか。

なお、この小学校を狙った動機については、

「エリートでインテリの子供をたくさん殺せば確実に死刑になると思ったから」

この人の場合、言い分をすべてうのみにはできないが、いわゆる勝ち組へのコンプレックスは強かったようだ。そういう意味では、7年後の秋葉原通り魔事件にも通じるものがある。奇しくも同じ6月8日に行なわれた犯罪だ。

自殺が他殺になる現象

●秋葉原通り魔（20年）●土浦連続殺傷（20年）●新幹線のぞみ通り魔（30年）

犯人は25歳で、犯行の朝早く、携帯サイトでこんな予告をしていた。

「秋葉原で人を殺します　車でつっこんで、車が使えなくなったらナイフを使います　みんなさようなら」

この言葉通り、歩行者天国の秋葉原で7人を死亡させたわけだ。その根底には「高校出てから8年、負けっぱなしの人生」「彼女がいない、ただこの一点で人生崩壊」という現実からくる「勝ち組はみんな死んでしまえ」「そしたら、日本には俺しか残らないか　あはは」という自虐的な恨みつらみがあった。

もちろん、それが無差別殺人をしていい理由にはならない。教育熱心な母親がストレスでも、就職や恋愛、趣味のインターネットでうまくいかなくても、自分自身で引き受け、なんとかするしかないからだ。巻き添えを食った被害者にとってはたまったものではないだろう。

そして、この事件ではこんな風景も見られた。駅前の歩道橋から、殺人現場を携帯電話のカメラにおさめる大勢の野次馬たち。秋葉原がコスプレ撮影などの聖地だったとはいえ、状況が状況だけに異様でもあった。

秋葉原といえば、この3ヶ月前にも別の事件のキーワードとして注目されている。土浦連続殺傷事件だ。24歳の男が、地元の住宅街で72歳の男を刺殺したあと、

「私が犯人です。早く捕まえてごらん」

と、携帯電話で警察を挑発。逃亡した4日後に舞い戻り、駅で8人を殺傷（うちひとりが死亡）した。犯人は最初の殺人で指名手配されたものの、逃亡先の秋葉原で丸坊主にするなどカムフラージュもしていた。ゲーマーでもあった彼は秋葉原での大会で優秀な成績を残すなど、馴染みの土地だったのだ。

アニメやアイドルといった新たな日本文化の発信地として世界的にも有名になった秋葉原のイ

メージに、このふたつの事件は暗い影を落とした。

このふたりはその後、前者は死刑が確定、後者についてはすでに死刑が執行された。じつはともに自殺願望を口にしており、まさに「自殺が他殺になるという現象」だったといえる。また、前者は酒鬼薔薇聖斗や佐賀バスジャックの少年と同学年で、後者はその1学年下だ。同世代として、なんらかの心理的影響を受けたところもあるかもしれない。

ただ「自殺が他殺になるという現象」はそれ以降も見られる。平成30年の新幹線のぞみ通り魔殺傷事件も、そこに当てはまるだろう。22歳の男が、鉈とナイフで隣席の女性に襲いかかり、助けに入った男性が死亡した事件である。

同居していた伯父は以前、この男から「俺は死ぬんだ」「生きる価値はない」という言葉を聞いていたが、

「〝人を殺して刑務所に行く〟とも言っていた。〝働かなくても生きていけるところ、それが刑務所だ〟と。私が、お前、生きたいんじゃん、死にたいんじゃないだろうと言ったら黙ってしまってね」

その生と死および自分と他人をめぐる曖昧な感覚が事件につながったのだとしたら、被害者は不幸というほかない。これが自殺なら、赤の他人の人生まで狂わせることはなかったのだが……。

ここで取り上げた「死」は、加害者のそれを除くと、理不尽なものばかりだ。ただ、どんなに平和な世の中でもこういう死はときに訪れる。また、これとは別の理不尽な死というのもあるの

だ。

災害や大事故による死、である。

天災と人災、そして自己責任

助ける側の苦渋の選択

●阪神大震災(7年)

平成の大災害といえば、まず、阪神・淡路大震災だろう。平成7年1月17日の午前6時前に発生し、6千人以上の死者を出した。その大半は圧死、発生時に家にいて倒壊した建物の下敷きになって亡くなったケースである。

ただ、即死とは限らない。必死に助けを求め、救出された人もいれば、それが叶わなかった人もいる。その際、消防隊員らは苦渋の選択を迫られた。助けを求める声に応じて救出していくわけだが、声がしない現場でも、生き残った家族からまだ生きているかもしれないから掘り起こしてほしいなどと頼まれる。そのおかげで助かる人もいたものの、あくまでも声がする現場を優先した隊のほうがより多くの人を救出できたという。

しかし、それは心の痛みをともなう決断だった。声がする現場を優先した消防隊員は、こんな回想を。

「人殺しと言われたこともあります。正直、悔しかったですよ。そんなふうに言われる自分自身に悔しかったです」(『クローズアップ現代』平成31年1月17日放送)

かと思えば、観光バスのなかで九死に一生を得た人たちもいた。崩落した高速道路の残った端っこに車の前輪が浮いた状態で停まっているバスの写真を覚えている人もいるだろう。その運転手は、

「私の前の道路が、すべて消えました。乗用車がスーッと落ちてゆきました」

と、その瞬間を語る。乗客も全員無事で「奇跡の運転手」として話題に。仕事に復帰すると、中高生の修学旅行から指名が殺到したという。あの人のバスに乗れば「絶対に落ちない」という受験のゲンかつぎだ。

また、建物の大量倒壊は思いがけない恐怖も生んだ。アスベスト(石綿)だ。中皮腫や肺ガンの原因となる有害物質だが、昭和50年までは断熱材などに使われていた。この震災で吸ってしまった人の健康被害が懸念されている。

たとえば、西宮市在住の作家・藤本義一は平成24年、中皮腫により79歳で亡くなった。娘が聞

かされたという言葉を、尼崎市の医師・長尾和宏が紹介している。

「お父様は、阪神大震災の時に石綿を吸われたのだと確信しています」

アスベストによる中皮腫の発症は、潜伏期間が平均40年間とかなり長い。今後、震災がきっかけの死が増えていくかもしれないわけだ。

「お墓にひなんします」

●東日本大震災(23年)●吉田昌郎病死(25年)

そして、もうひとつの大災害が東日本大震災だ。平成23年3月11日、午後3時前に発生し、1万6千人近くが亡くなった。行方不明のままの人も2千人以上。自殺をはじめとする関連死も含めれば、じつに2万人単位の死者が出た未曾有の災害である。

ただ、災害をそういう数だけで考えるのは「死者への冒涜」だ、と警鐘を鳴らした人がいる。ビートたけしだ。「本来『悲しみ』っていうのはすごく個人的なもの」だとして、彼はこう言った。

「2万通りの死に、それぞれ身を裂かれる思いを感じている人たちがいて、その悲しみに今も耐えてるんだから」

たしかに、そうだ。さらにいえば「すごく個人的なもの」だからこそ、縁もゆかりもない人の死やそれをめぐる情景に痛切な悲しみを感じることもある。南三陸町の危機管理課職員として、津波に呑みこまれる寸前まで、無線放送で避難を呼びかけ続けた新婚の24歳女性だったり、母が津波で行方不明になった11日後に急に手紙を書くと言い出し「ままへ　いきてるといいね　おげんきですか」と覚えたてのひらがなで綴った宮古市の4歳の女の子だったり。なかでも、今なお胸を締めつけられてしまうのが、南相馬市の93歳女性の死である。

彼女は震災から3ヶ月後、自宅で首を吊った。最初の一時避難で息子たちと離れ離れになったりしたことで、不安と自責の念にかられ、死を選んだのだ。遺書にはこう書かれていた。

「またひなんするやうになったら老人はあしでまといになるから　家の家ぞくは6月6日に帰ってきましたので私も安心しました　毎日原発のことばかりでいきたここちしません　こうするよりしかたありません　さようなら　私はお墓にひなんします　ごめんなさい」

お墓にひなん、という言葉には、つらさはもとより、自分と家族へのせめてもの慰めが感じられる。なんとせつなく尊い死だろう。

戦死と呼びたいような最期を遂げた人もいた。東京電力福島第一原発の所長・吉田昌郎。震災が引き起こした、世界的にもまれな原発事故に際し、現場の最高責任者として指揮をした男だ。東電本社や原子力保安院の混乱、さらには菅直人首相（当時）や米国の介入といった「外野」の迷走に苦しみながらも、自らの知見と判断力を信じ、危機を乗り切った。

その仕事ぶりを、メディアはヒーロー視した。作業員からも「この緊急時に吉田さんが所長で良かった」という声があがっていたが……。大学のボート部で鍛え、大学院で原子核工学を修めた吉田をもってしても、この任務は苛酷すぎた。事故の翌月に出た『週刊現代』は妻のこんな証言を紹介している。

「この1ヶ月で2回だけ、自宅に帰ってきたんです。それは2回とも都内の病院に行くためでした。（略）あのような状況ですから、ストレスもあると思います。（略）病院以外に外出したところといえば、床屋さんです。『髪の毛が長いと放射性物質がつくんだ』と言って、髪を短く切ってもらっていました」

妻いわく、病院に行ったのは「精神的に参ってしまって」とのことだったが「寝ずに頑張っている」「今後は当分帰れない」とも聞かされていたという。そんな毎日が56歳の男にこたえないはずがない。11月の人間ドックで、食道ガンが見つかり、入院。翌年には食道の切除手術も受けたが、その後、脳出血で倒れたりもした。こうして原発事故から2年4ヶ月後、58歳で死去するのである。

原発事故が危機的状況を脱してからは、政府からの聴取に協力。死後、その内容がスクープされた。いわゆる「吉田調書」だ。

放射能との関係はともかく、過度のストレスが影響した可能性は充分に考えられる。個人的には、三井物産マニラ支店長誘拐事件の若王子信行を思い出した。こちらは事件発生から2年3ヶ月後の平成元年、膵臓ガンにより55歳で亡くなった。

焼かれたキャバクラ嬢と雪に消えた大学生

●歌舞伎町ビル火災（13年）●JR西日本脱線（17年）●軽井沢スキーバス転落（28年）

火にまつわる死もある。平成13年には、明石花火大会歩道橋事故で11人の命が失われた。ただ、この場合は花火を見に集まった群衆が警備上の不備もあって将棋倒しなどのパニック状態に陥ったものだ。巻き込まれて命拾いした見物客によれば「人の圧」で呼吸さえもできず、阪神大震災よりも「怖かった」という。

その7週間後、歌舞伎町ビル火災が起きた。深夜の雑居ビルで謎の出火があり、一酸化炭素中毒で従業員や客、計44人が死亡。そんななか、注目を浴びたのが「スーパールーズ」で働いていた11人のキャバクラ嬢だ。セーラー服にルーズソックス姿でキスやお触りのサービスをしていた。

そのうち3人と仲がよかったショットバーの男性店長は、遺体と対面した際、ひとりだけ顔が煤で真っ黒になっていた女性について、

「姉御肌で面倒見のいい子でしたから、火事の時も、ほかの人をかばったんじゃないかな、と思いましたね」

と語った。また、店のナンバーワンだった女性と同棲していた会社員は、駆けつけた親とこんな会話をしたという。

「お父さんが『ソープじゃなくてよかった』とポツリとおっしゃったんで『それだったら僕が絶対に止めてます』と言った」

キャバクラ嬢たちの大多数は家族に内緒で働いているので、娘が死んだことにすぐには気づかない親もいる。メディアも死者の顔写真を載せることに躊躇したりした。ただ、この会社員は恋人が英会話学校にも通っていたことを引き合いに「みんな真面目に頑張っていましたよ」として、その夭折を嘆いた。

「死ななくていい子がたくさん死んで、このままでは可哀そうです」

この火災の10日後には、米国で同時多発テロ事件が勃発。日本人も24人が亡くなった。

この6年後の平成19年には、渋谷の「松濤温泉シエスパ」で爆発が起き、従業員3人が帰らぬ人に。ヨガスタジオなども併設した大人の女性限定の「スパ」といういまどきの人気スポットだったが、閉店に追い込まれた。ファッショナブルな美人社長と「爆発」というギャップが驚かせたものだ。

その翌年には、大阪で個室ビデオ店放火事件が発生。火をつけたのは多額な借金を抱え、自暴自棄になった46歳の無職男性で、16人が巻き添えになった。戦後日本の単独犯による殺害数としては、当時トップという惨劇で、死刑が確定している。

そういえば、火にまつわる事故や事件の多かった平成13年、放火により5人を殺した43歳男性については、すでに死刑が執行された。借金苦から消費者金融・武富士の弘前支店に押し入り、強盗に失敗したことで火をつけ逃亡。逃げ遅れた従業員たちが亡くなった。

交通機関の事故で、衝撃的だったのがJR福知山線脱線事故である。平成17年、カーブ区間での脱線により、運転士を含め107人もの死者が出た。そこで内縁の夫を亡くし、2年半後、後追いで飛び降り自殺をした32歳の女性もいる。『週刊文春』によれば、彼女は哀しみを短い物語にしてノートに書いたりしていた。

「森に女の子がいました。男の子と暮らしました。幸せでした。ある日、男の子は連れて行かれて帰ってきませんでした。女の子はまたひとりぼっちになりました。そして一週間後、女の子も動かなくなりました」

未入籍とはいえ、同居は13年にも及び、ふたりのサインと捺印がされた婚姻届も用意済みだった。その関係を認め、JR西日本は当初、生活費を仮払いしていたが、途中で打ち切ってしまう。その後、彼女の訴えで再開したものの、別に労災年金が支給されることが決まると、また打ち切った。これが大きなショックをもたらしたようで、遺書には「なおちゃんの妻としての誇りを返して」などと綴られていた。

この事故をめぐっては、会社が乗務員らに課していた「日勤教育」の問題も浮上した。ミスをした者に一日中、就業規則の丸写しやトイレ掃除をさせたりしていたことが過剰な重圧を与え、さらなる大きなミスにつながったのではという指摘だ。

実際、労働環境と事故は無縁ではない。平成28年に起きた、軽井沢スキーバス転落事故でもそのあたりが取り沙汰された。スキー場に向かう途中の深夜、夜行バスが転落して、65歳の運転手をはじめ、15人の命が失われたのは、バス会社の無茶な運営のあり方に原因があったというわけだ。

死者のうち、乗員はふたりで残り13人は大学生。そのなかには、教育評論家の尾木直樹のゼミ生が4人含まれていた。尾木は直後の講演で、教え子を亡くした無念を激白。「ずさんという意味では、過去のどの事故よりもひどい」「卒業前の学生の命が絶たれることはこんなに重大なことだってことを、リアリティーをもって知ってほしい」と語り、助かった学生たちが「命に別条なし」と報じられることにも異議を唱えた。

「あの表現はやめてほしい。（略）重傷のひと言。その子が背負っていくものを考えたら、たまらない。（略）お父さんでさえ会わせてもらっていない女の子がいる。お母さんが会わせない。可愛い子だったからでしょう」

尾木は「理不尽な事故」という言葉も使った。実際、事故も災害も理不尽なものだ。そして、多くの人にとって、防げそうで防げない理不尽の最たるものが戦争かもしれない。平成の世にも、戦地や紛争地域で命を落とした日本人がいた。

弱肉強食としての戦争はなくならない

●文民警察官カンボジアで殉職（5年）●後藤健二イスラム国で殺害（27年）

平成5年には、カンボジアに文民警察官として派遣された高田晴行や選挙支援のボランティアに行った中田厚仁が現地で殺された。高田は殉職で英雄扱いもされたが、遺された家族の関係がおかしくなり、6年後、父親が自殺する悲劇も起きた。

平成15年から翌年にかけては、イラクで何人もの命が失われている。奥克彦・井ノ上正盛という外交官に、戦場ジャーナリストの橋田信介、旅行中に人質になった香田証生らだ。

こうした背景には、平成3年の湾岸戦争で、日本の経済的支援が低く評価された問題がある。これを機に、ＰＫＯ（国連平和維持活動）協力法が成立。人的支援も行なう方向に舵が切られ、日本が敵国扱いされる傾向が強まっていった。

平成19年には、戦場カメラマンの長井健司がミャンマーで射殺され、24年には女性ジャーナリストの山本美香がシリアで銃撃死を遂げた。まだ記憶に新しいところでは、平成27年「イスラム国」によって殺害された湯川遥菜と後藤健二がいる。それにまつわる動画がネットで公開され、イスラム国側のかけひきにも使われた。

また、後藤が生前に投稿したこんなツイートも話題に。

「目を閉じて、じっと我慢。怒ったら、怒鳴ったら、終わり。それは祈りに近い。憎むは人の業にあらず、裁きは神の領域。そう教えてくれたのはアラブの兄弟たちだった」

ただ、その地で対立しあい、そのあげくに後藤を殺したのも「アラブの兄弟」にほかならない。彼らの死は、日本の平和の本質的な危うさを示すものでもあった。第二次世界大戦後の国際的勢力バランスのなかで「強兵」なき「富国」を実現できたとはいえ、それが永遠のものではないことを実感させたのが平成という時代なのだ。

左が後藤健二で、右が湯川遙菜。後藤はフリーのジャーナリストで、47歳だった。

それゆえ、次の時代には、こうした死はもっと増えることが予想される。そもそも、戦争は「弱肉強食」という生物の摂理を人間的に変型させたものだから、人間が生物である以上、戦争をなくすことはなかなか難しい。

最後に、そんな生物同士の厳しい関係から生じた死についても触れておきたい。

平成28年、秋田で4人の男女がクマに襲われ、落命した。後日、猟友会が仕留めた1頭の胃には、人体の一部が確認されたという。ちょくちょくある話とはいえ、今後はさらなる用心が必要らしい。かつては人間が山林開発に熱心だったが、最近は廃村が増え、猟師が減るなどの状況から、野生動物が人間の生活圏に進出してきてもいるからだ。

その翌年には、愛媛で87歳の車椅子女性がスズメバチの大群に50分間、150ヶ所も刺されて死亡した。かといって、ハチが彼女を憎んでいたわけではない。巣を守るため、人が近づけば襲うのが本能なのだ。

クマについてもまたしかりで『週刊女性』には埼玉県秩父市の猟友会会長によるこんな言葉が紹介されている。

「びっくりすると同時に興奮状態に陥る。過剰な防衛本能が働いた結果だと思います」

では、人間の「防御本能」はどうだろう。これについては、いささか心もとない。天災にせよ、人災にせよ、そのどちらともいいきれないケースにせよ、自分の身は自分で守るのが何より肝要なのだが――。

事件のかげに自殺あり――現代の切腹

葉隠を貫いた金庫番

●リクルート（元年）●ノーパンしゃぶしゃぶ（10年）

事件には自殺がつきものだ。特に日本では昔から、死んで詫びるとか、責任をとるといった文化があり、それは平成でも変わらず維持された。いわば「現代の切腹」である。

まず、平成になって3ヶ月後には、竹下登の「金庫番」青木伊平が自殺（享年58）。竹下は昭和62年に首相となり、消費税導入などを行なったが、リクルート事件でその金権体質を追及されていた。青木は秘書としてその政治資金作りを30年間、取り仕切ってきた男だ。メディアに対し、

「私一人でやったこと。政治資金規制法うんぬんについても自分のミスで、竹下首相は何も知らない」

と、主張した。しかし、竹下内閣の支持率は5％にまで落ち込み、4月25日、退陣する意向を表明。その会見を、青木は事務所のテレビで黙って見ていたという。そして翌日、自宅で遺体と

なって発見された。手首などを数十ヶ所も切ったあげく、首を吊っての最期である。「仕える先生に迷惑がかからないようにすることが第一の務めだ」「立場上知り得たことを簡単に口にしてしまうのは、人間のクズだ」

という信条を貫き、おかげで竹下は退陣後もキングメーカーとして政界への影響力を維持することができた。

こうした自殺は、政界のほか、財界や官界でも目立つ。平成9年の第一勧業銀行総会屋利益供与事件では、同行相談役の宮崎邦次が自宅で首吊り自殺した。頭取からは、こんな追悼の言葉が。

「まさに葉隠武士道の本場、佐賀出身らしい最期。法律がどうこうよりも、可愛がっていた部下が次々に逮捕されていくのを見るのが耐え難い苦痛だったのでしょう」

そこから翌年、大蔵省接待汚職事件が発覚。ノーパンしゃぶしゃぶが話題になったこの事件では、大蔵省のノンキャリア官僚が官舎で首吊り自殺した。亡くなる数日前には、同僚と飲み、

「オレはつかまる。（略）自宅のローンの支払いは終わったから家族の生活は大丈夫だろうが……」

と話していたという。

これをうけ『週刊文春』は官僚たちの覆面座談会を企画。大蔵官僚が「また自殺者が出るのではないか、とも心配される」「実は、ウチの庁舎には飛び降り自殺の名所があるんだ」として、

「よく挫折を知らないエリートのひ弱さを指摘されるが、自殺の原因をそんなことで片付けられたくないね。ボクらが知る限り、亡くなった人たちは決してひ弱ではすまない局面を乗り越えて

いた」

と、擁護している。なお、この不祥事は行政改革の課題でもあった大蔵省の解体を加速させた。変革期にこうした死、特に自殺が生まれやすいのも歴史の常だろう。

右翼、在日、ライブドア
●野村秋介（5年）●新井将敬（10年）●松岡利勝（19年）●永田寿康（21年）

平成5年には、右翼の大物・野村秋介が朝日新聞社の応接室で拳銃自殺を遂げた（享年58）。きっかけは、彼が作った政党「風の会」をイラストレーター・山藤章二が『週刊朝日』で「虱の会」と揶揄した件だ。野村の抗議に朝日は謝罪したが、彼はある覚悟を決めていた。「左翼偏向報道で日本を悪化させたA級戦犯」としての朝日と「刺し違える」という覚悟である。衝撃的な死によって、自らの主義主張を世に訴えるという意味では、昭和の三島由紀夫の割腹自殺に通じるものでもあった。

そんな野村の友人で、5年後に自殺したのが政治家の新井将敬（享年50）だ。元秘書によれば、

「酒を飲んだときなんかに、自殺した右翼の名前を出しては『ああいう生き方もいい』と話していました」

とのこと。東大から大蔵省、そして政界へと進出したこの男は、平成4年に発覚した東京佐川急便事件で同じ自民党の金丸信らを鋭く追及。名を上げた。しかし、4年後には日興証券から不

当利益を受けていた問題で今度は追及される側に。現職の国会議員であるため、逮捕許諾請求が出され、本会議で可決されるのを前に、ホテルで首を吊った。

当時、彼の選挙区に住んでいて、演説する姿も見かけていたので、その死には驚かされたものだ。最終的には首相を狙うと公言していた本人にすれば、無念だっただろう。周囲には「みんなやっているのに、なぜ私が」と漏らし、死後には「裁判において絶対視される検事調書がいかにでっちあげられるか、国民のみなさんの前に明らかにしたい」と書かれた「告発文書」も公開されたが……。

疑惑を持たれたときには謙虚に振舞ったほうがいい、と忠告した知人にこう答えたという。

「僕は在日（韓国人）二世で、小さいときからいつも周りからいじめられて育ったから、人から何か言われると、つい身構えて、突っ張った態度をとってしまうんですよ」

この9年後には、同じく国会議員の松岡利勝が自ら命を絶った。もともと疑惑や不祥事が多く、小泉内閣時代には「身体検査」で閣僚ポストを逃し続けた人だが、安倍内閣でようやく農水大臣に就任。しかし、謎の水道光熱費問題で「ナントカ還元水が」などと信憑性のない言い訳をしたり、直前に関係者がふたり自殺したりと、窮地に追い込まれていた。

議員宿舎で首を吊り、62年の生涯を閉じることに。その前日、元秘書への電話でこうつぶやいたという。

「きつい。たいがいにきつい。中川先生もきつかっただろうな……」

昭和58年に自殺した中川一郎元農水相（享年57）のことだ。松岡の死は日本国憲法下での初の現役閣僚の自殺として歴史に刻まれたが、インパクトでは中川のほうが上だった。こちらは、有力な首相候補だったからだ。

そんな中川の息子が、中川昭一である。こちらも要職を歴任した首相候補だが、財務大臣だった平成21年、ローマでの飲酒もうろう会見で辞任。半年後の衆院選では国会議員の職も失い、1ヶ月余りのち、心筋梗塞で急死した（享年56）。不眠で睡眠薬に頼る状態だったようで、病死とはいえ、どこか自殺に近いものも感じてしまう。

なお、新井や松岡は野党の追及を受けた側だが、平成18年、与党の追及に失敗したのが永田寿康である。ライブドアの堀江貴文と武部勤自民党幹事長の次男とのあいだに不当な金銭授受を示すメールがあったと主張したものの「ガセネタ」（小泉純一郎）だと否定され、実際「にせメール」だった。民主党は信を失い、前原誠司代表が辞任するなど、すったもんだの末、本人も議員辞職。3年後、東大から大蔵省、国会議員という道を歩んだ先輩・新井将敬同様、自殺というかたちで亡くなることになる（享年39）。

ただ、こちらは「抗議」ではなく、心を病んでの飛び降り自殺だ。実家は資産家だったが、平成19年には腹違いの妹による撲殺事件も報じられ、永田は「彼女とは一緒に暮らしたこともありません」としたうえで、

「事件についても国政への復帰意欲に関してもコメントは控えたい。もうこれくらいで勘弁してください……」

と語っていた。亡くなる前々月にも手首を切っており、衰弱死のような最期である。ただ、親

しかった仲間からは、
「彼は目立ちたがりやで、迂闊でおっちょこちょいだった。でも、政治的にはきれいな人だった」（手塚仁雄衆院議員）
という温かい言葉も。また、のちに総理となる野田佳彦は死の半年後、福岡にある墓で手を合わせたという。
ライブドアといえば、平成18年に堀江が逮捕される直前、関係の深かった証券会社の副社長が沖縄のホテルで手首などを切り、他界した。遺書はなく、当時の状況から「怪死」という声もささやかれたものだ。

スペシャルだった三浦和義

●一級建築士の妻（18年）●三輪田勝利（10年）●尼崎連続変死主犯（24年）

事件の当事者以外、たとえばその家族から自殺者が出ることも珍しくない。平成17年に発覚した耐震強度偽装問題では、翌年、偽装を行なった一級建築士の妻が飛び降り自殺した。建築士は証人喚問で、

「病気がちの妻が当時、入退院を繰り返していた。（偽装を）断ると収入がゼロになるということで葛藤していた」

と、発言したが、事件後、ホテルを転々としていたようだ。妻は淋しがり、毎日のように「パ

パさんに会いたい」と漏らしていたという。

一見、自殺とは縁が遠そうなスポーツ界にも自ら命を絶つ人はいる。野球界では、イチローを発掘したことで知られるスカウトの三輪田勝利が平成10年、沖縄のマンション11階から身を投げた（享年53）。

ダイエー入団を希望していた沖縄水産の新垣渚をオリックスがドラフトで強行指名したものの、交渉が難航。球団代表に叱責されたあげく、数日がかりで面会の約束をとりつけたが、それ以上の進展は期待できず、そこで力尽きたようだ。前年にはイチローの大リーグ移籍を応援したことで、球団の不興も買っていたという。

三輪田は選手時代、最初のキャンプで致命的な故障をしながら「球団をだましたような形になって申し訳ない」と無理して投げ続けたという逸話の持ち主だ。真面目で責任感が強く、それがあだになったのだろう。名スカウトとして鳴らした木庭教も「一途な性格だったから思い詰めたんかなあ」として、自分が入団拒否に遭った際の思い出を語った。

「悔しさのあまり、社会人野球で肩でも壊してしまえ、と思いました」

なるほど、こういうことが言える人なら、自殺はしない気がする。

かと思えば、長年ふてぶてしくさえ見える態度で世間を騒がせながら、最期は獄中自殺したのが三浦和義（享年61）だ。昭和59年『週刊文春』の「疑惑の銃弾」シリーズで保険金殺人をめぐるロス疑惑を報じられてから、じつに24年後のことだった。

そのあいだ、懲役の実刑も食らったが、平成20年にサイパンへ足を踏み入れなければ、平穏な老後が待っていたかもしれない。米国の警察に逮捕され、8ヶ月後に移送されたロスの留置場で首を吊った。その直前、雑居房にもかかわらず、ひとりで収監されることに異を唱えた囚人に対し、彼は笑みを浮かべ、こう答えたという。

「アイム・スペシャル」

これもまた、三浦らしい幕引きだったのだろう。

平成24年には、尼崎連続変死事件の主犯格とされる64歳女性が留置場で首を吊った。他人の家族を取り込んで金や土地を吸い上げ、7人もの死者が出た複雑な事件だが、彼女は自らの命とひきかえに、謎のまま葬ったといえる。

ほかには、東村山で創価学会批判をしていた女性市議（平成7年）だったり、広島の「日の丸・君が代」問題で板挟みになった高校長（平成11年）だったり、イトマン事件で逮捕された許永中のブレーンだった不動産会社社長（平成12年）だったりの自殺が思い出される。あるいは平成4年、気球で米国を目指し、消息を絶った「風船おじさん」なども、妻は自殺目的説を否定しているものの、はた目には自ら死にに行く絶望的冒険に見えた。

世紀のニュースの落とし穴

●笹井芳樹（26年）●森友問題（30年）

また、最近で印象に残るのが平成26年の笹井芳樹（享年52）の死だ。小保方晴子の上司として華やかな脚光を浴びながら、STAP細胞の存在が危うくなると、ふたりの不倫を疑う報道まで飛び出した。そんな騒動も、彼の死で終息に向かう。小保方宛ての遺書には「STAP細胞を再現して下さい」と書かれていたという。

その4年後、笹井の未亡人が『週刊新潮』の取材に応じた。「彼女のことは、もう視野の中にもありません」としながらも、

「彼女は（瀬戸内）寂聴さんとの対談でもSTAP細胞があるようなことを言っていたそうですが、それならば小説を書く前に実験をやっていただきたい。（略）実験は、日本じゃなくても出来るんですから。もし、彼女に会ったら、なんで実験をやらないのと聞いてみたい」

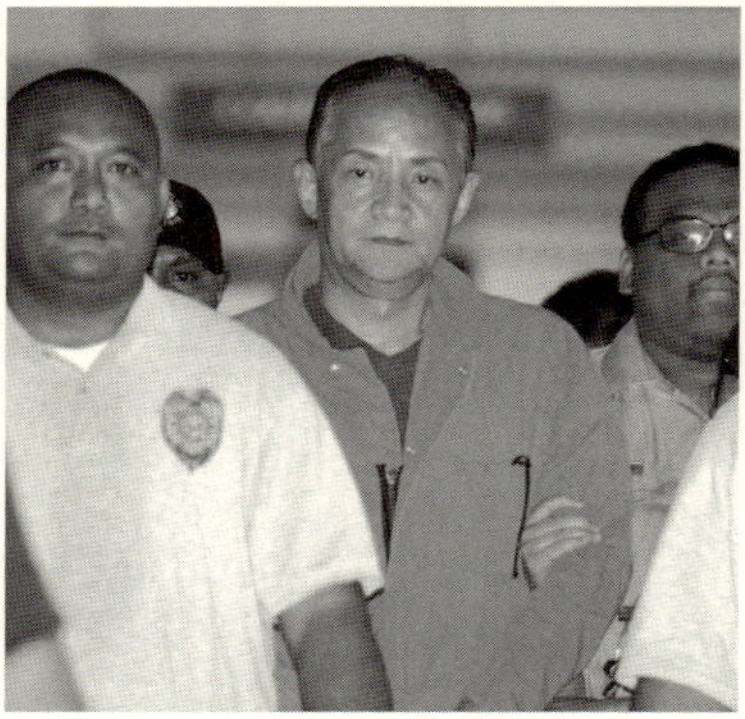

当初は妻を殺された「悲劇の夫」だと見られていたが、昭和59年「疑惑の銃弾」スクープにより、窮地に。いわば、史上最大の文春砲に撃たれた人である。

当然、今もくすぶる思いはあるようだ。

平成30年には、森友問題が騒がれるなかで理財局職員が自殺。「Ｎｅｗｓモーニングサテライト」は父親や財務省ＯＢたちの無念の声を紹介した。

「親が言うのもなんですけど、曲がったことが嫌いで。（略）反対するわけにもいかんし、言われた通りに報告書を書いたということは、本人の口からでなしに遺書に書いてありましたから、負担になったんだと思うんですよ」

息子に先立たれた父の言葉である。

この年には、眞子内親王の婚約が延期となったが、このおめでたい話題に影がさし始めたのは前年、相手の父親の死が自殺だったことが報じられたあたりからだった。

自殺はある意味、最も人間らしい死だ。それゆえ、人間の業がおりなす悲劇ともシンクロしやすいのだろう。

栄光の裏側に潜むもの

スターの犯罪

●西川和孝（11年）●押尾学（21年）●速見けんたろう（23年）

スターと殺人。ドラマや映画ならいざ知らず、そのふたつが実人生で結びつくことがまれにある。

平成11年には、子役時代、時代劇『子連れ狼』の大五郎として人気を博し、実業家に転身していた西川和孝が殺人容疑で逮捕された。その4年前には、新潟県白根市の議員となって注目されたが、女性スキャンダルもあって次は出馬せず、借金苦から金融業者を殺してしまったのである。香港などに高飛びしたものの、逃げ切れず、無期懲役に服すことととなった。

ただ、この人の場合、あくまで「昭和のスター」だ。その点、のちの押尾学事件ほどの衝撃はなかった。こちらは殺人事件ではないが、現役の人気俳優が保護責任者遺棄致死罪などに問われた大事件だ。

平成21年8月、押尾は六本木ヒルズのマンションで銀座のホステス（30歳）と密会した。その際、違法薬物の合成麻薬ＭＤＭＡを服用して性交を行ない、女性の体調が急変。やがて、女性は死亡する。裁判を傍聴した女性の父親は、こう語った。

「法廷で彼の背中を見ながら、なぜ（空白の）3時間の間に救急車を呼んでくれなかったのかと考えていました」

スキャンダルを怖れ、女性の命より自分の保身を優先した対応に、やりきれない気持ちを抱いたのだ。押尾は「心臓マッサージをしたが回復せず、怖くなって部屋を出た」と言い、MDMAについても女性が所持していたと主張。しかし、彼は事前に「来たらすぐいる？」というメールも送っていた。

また、雑誌のインタビューでは「なぜ再逮捕に至ったのか。何か国家的な大きな力が働いたのではないか」として、

「オレの周りはみんなオレは終わりだと思っている　9・5割。どいつもこいつも見てろよ」

と、宣言。実際、最高裁まで争った。結局、救急車を呼んでも助かったとは限らないことから「致死罪」までは認定されなかったものの、保護責任者遺棄で懲役刑となる。

出所後は、政治家の事務所を手伝ったり、芸能人時代と変わらず豪遊していることが話題に。法的な裁きは受けたとはいえ、女性の遺族は複雑な思いだろう。

なお、妻の矢田亜希子とは事件5日後に離婚。ただ、かつて清純派女優として輝いた彼女はこれ以降、悪女や犯罪者を演じることが増えた。ここにも事件の余波が見てとれる。

ほかには、元プロ野球選手の小川博が平成16年に借金苦から強盗殺人を犯し、無期懲役となった。昭和最後の名勝負というべき「10・19」のダブルヘッター第一試合でロッテの先発を務めた投手だ。

また、車で死亡事故を起こした人に芸人の大竹まこと（平成8年）や『だんご三兄弟』の速水けんたろう（平成23年）がいる。大竹の場合は過失なしとされたが、ともに活動縮小を余儀なく

された。

プリンセスが求めた自由
●ダイアナ元妃（9年）●テレサ・テン（7年）

車の死亡事故といえば、それで36年の生涯を閉じたのが英国の元ダイアナ妃である。パリで恋人とデート中、車がトンネルの支柱に激突して、恋人とともに亡くなった。折りしもチャールズ皇太子との泥沼離婚から1年がすぎ、エジプトの大富豪を父に持つ、ドディ・アルファイドとの結婚発表が噂されていた時期。王室を離れたとはいえ、いずれは国王の母となる女性がイスラム勢力と結びつくことを怖れた英国による謀殺説も流れた（ただし、その先鞭をつけたのは英国と敵対していたシリアのカダフィ大佐だ）。

この時期、ダイアナはその美貌と悲劇的境遇、そして対人地雷廃止やエイズ啓発といった社会活動で絶大な影響力を保持していた。が、そういう立場から逃れたい気持ちもあったようだ。事故の6時間前には、親しかった英国紙「デイリー・メール」のリチャード・ケイ記者にこんな電話をかけていたという。

「思い切って生活を変える決心をしたの。十一月までに公の活動から降りて、偶像としてでなく、これからは個人として生きていきたい」

また、英国の作家で上院議員のジェフリー・アーチャーは、彼女が自分の人気に戸惑い、

「こんな人気は、いつか止まってしまうんじゃないかしら？」

と、心配していたことを明かした。貴族の出とはいえ、学歴が低く、保母からいきなり世界のプリンセスになった彼女は「人気」に翻弄される日々にもう終止符を打ちたかったのかもしれない。ただ、その前に死が訪れるのである。

ちなみに、彼女ほどスクープ狙いのカメラマン、いわゆるパパラッチに追いかけられた人もいないだろう。死にいたった事故も彼らとのカーチェイスのなかで起きた。それゆえ、パパラッチ批判も飛び出したが、彼らを取り仕切るエージェントのジェイソン・フレイザーはこう反論した。

「ダイアナ元妃たちの車の運転手が酒を飲んで酔っぱらっていた、というじゃないか。（略）ダイアナ元妃の生命を危機にさらした犯罪者は、カメラマンではなく、この運転手だ」

一理ある言い分だし、じつは離婚騒動のときなど、ダイアナ側もパパラッチを利用していた。いずれにせよ、彼女は注目を浴びすぎたのだ。いわば、自らの「人気」に殺されたようなものである。

ダイアナが「世界のプリンセス」なら「アジアの歌姫」と呼ばれたのがテレサ・テンだ。こちらも、その最期について謀殺説がささやかれた。平成7年、タイのホテルで持病の気管支喘息の発作により、42歳で死去。その際、恋人のフランス人カメラマンが不在だったことと解剖を認めないサインをしたことが不審視された。そこから、彼女の存在をよく思っていなかった中国共産党の陰謀、という噂が生まれたのである。

ただ、その死が複雑な国際情勢に左右されたものだったのも事実だ。台湾出身で日本でも成功した彼女は、昭和54年、旅券法違反で国外退去処分になった。日本が中華人民共和国と国交を結び、台湾からの入国手続きが煩雑になったことの影響だ。再来日後、さらなる成功をおさめたが、中国では共産党の「精神汚染キャンペーン」により、彼女の歌が放送禁止にされたりもした。

それが解禁されると、香港に移住。彼女は中国の民主化問題を真剣に考えるようになり、平成元年には、香港での民主化支援コンサートのステージにも立った。が、その直後、天安門事件が起こる。レコード会社の担当で、彼女に妹のように可愛がられていた鈴木章代は電話でこんな言葉を聞かされた。

「中国には自由がありません。自由を求めた学生さんは、みんな殺されてしまいました」「共産党のやったことは正しいことでしょうか。テレサは絶対間違っていると思います。共産党は、子

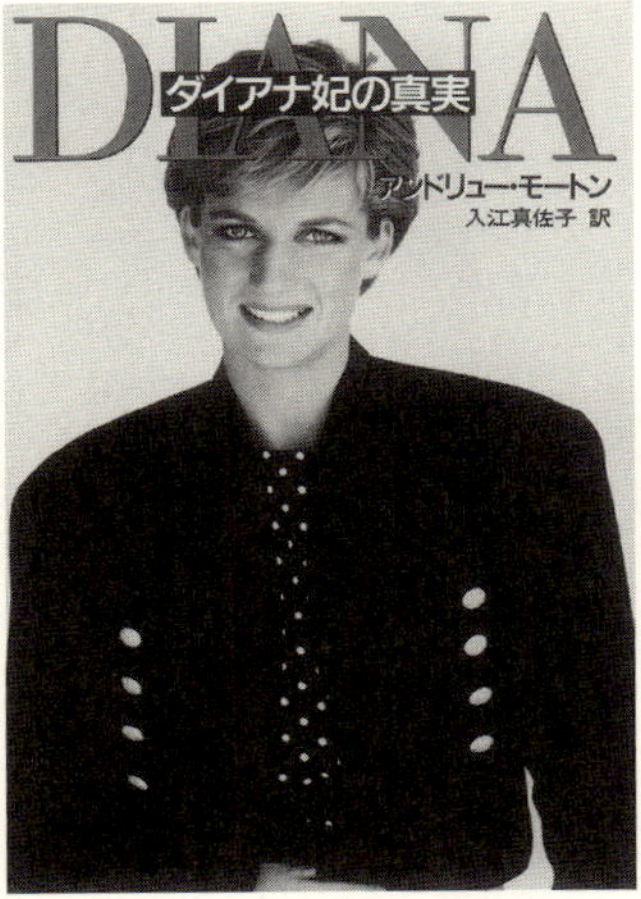

死の5年前に出版された。著者は元・王室記者。十代からの豊富なカラー写真と摂食障害などの深刻な描写が彼女をめぐる光と闇を浮き彫りにしている。

供たちの未来を摘み取ってしまったんですよ」

こうした状況により、両親の祖国である中国でコンサートを開くという計画も流れてしまう。彼女は中国の民主運動家たちが亡命したパリに移住し、歌手活動を続けたが、心身ともに衰えていった。そして、喘息の静養で滞在していたタイで亡くなるわけだ。

この2年後には、台湾の有名女優の娘・白暁燕が誘拐され、殺された（享年16）。父は劇画原作者として一時代を築いた梶原一騎。日本でもかなり大きく報じられた。

平成30年、車のミラーを盗もうとした男ふたりといさかいになり、刺殺されたデニス・テンの死も痛ましい。カザフスタンのフィギュア界に初の五輪メダルをもたらし、羽生結弦のライバルでもあった。

その前年には、北朝鮮の金正男がマレーシアで暗殺され、その生々しい映像が世界に流れた。異母弟でもある最高指導者・金正恩によるもので、この隣国の恐ろしさを改めて思い知らされたものだ。

日本では、平成25年、王将フードサービスの社長だった大東隆行が本社に出勤したところで射殺された。犯人は不明のままである。平成30年には、人気ブロガーでもあったインターネットセキュリティー会社社員が講演先で待ち伏せされ、刺殺されるという事件が。犯人はこの社員にインターネット上でいじられ、面識はないものの、ひどく恨んでいた。いかにも現代的であるとともに、有名になることのリスクも感じさせる話だ。

平成おじさんの過労死

●小渕恵三（12年）●森嘉朗の息子（23年）

政治家に目を向けると、平成19年、長崎市長の伊藤一長が銃撃されて亡くなった。長崎では、前の市長も銃撃され、重傷を負わされている。

平成14年には、国会議員の石井紘基が自宅前で刺殺された。犯人は金銭をめぐる私的な恨みだと供述したものの、妻によれば「事件当日の午後、ヤミ金融に関する重大な資料を金融委員会委

『つぐない』『時の流れに身をまかせ』とともに不倫三部作ともいわれる『愛人』。台湾という存在自体、国際情勢的に「日陰の女」と化しつつある。

員長に提出するはず」だったという。

さすがに、総理がこうした悲劇に見舞われることはなかったが、病気によって在職中の退任を余儀なくされた人がいる。「平成おじさん」こと小渕恵三だ。

竹下内閣の官房長官時代、新元号を発表する役を担って、顔を売り、平成10年、自民党総裁選に立候補。田中眞紀子に「凡人」と評されながら、梶山静六（軍人）と小泉純一郎（変人）に勝ち、そのまま総理になった。ただし、政権地盤は弱く、今度は米国紙に「冷めたピザ」と揶揄されてしまう。が、ここから持ち前の粘り腰を発揮するのだ。

翌年、自由党や公明党との連立を実現。国旗・国歌法や通信傍受法などの法案を次々と成立させ、沖縄でのサミットや二千円札の発行を決めた。その姿勢は「マメ」というひとことに尽きる。国内外に足を運び、一般人にもかける電話は「ブッチホン」と呼ばれた。夫人はこんな回想をしている。

「ほぼ毎晩、事務官がどっさりと書類を届けてきて、その高さは時に五十センチ近くにもなりました。これにすべて目を通すので、主人が就寝するのはたいてい午前三時半頃になります。そして午前五時頃にはもう起きて、仕事をしていました」

こういう生活が体にいいはずがない。まして、彼は心臓に持病があり、父は脳出血により54歳で亡くなっていた。平成12年4月、党内事情から自由党との連立解消が決まり、これについて質問されると、言葉をなかなか発することができないという異変が生じ、その深夜、脳梗塞で倒れるのである。

当初は「起きたい、起きたい」と口にしていたが、やがて昏睡状態となり、発病の3日後には内閣総辞職。夫人は「あなた、サミットが始まるわよ。起きて」などと声をかけ続けたものの、意識が回復しないまま、翌月、62歳で帰らぬ人となった。平成の総理のなかでは、事件的な死といえる。

この混乱のなかで、総理に就任したのが森喜朗だ。それから20年近くたち、代議士を引退した今もスポーツ政治の世界で存在感を示している。ただ、この人の息子は平成22年、酒気帯びでコンビニに突っ込むという交通事故を起こした。これにより、石川県議を辞職し、自民党も離党、2ヶ月後には内服薬の飲みすぎで救急搬送され、自殺未遂かと地元を騒然とさせてしまう。地元に滞在中だった元首相は、心肺停止の息子に付き添った。

このときは回復したものの、翌年、再び体調を崩し、多臓器不全により46歳で他界。「最後は笑顔だった。これまで父の存在が重かったのだろう。かわいそうなことをした」元首相は振り返った。栄光の裏側に潜む闇、とでもいうものを感じさせる死だ。

最後にもうひとつ、テレビ現場で起きた事故に触れておこう。平成5年『ウッチャンナンチャンのやるならやらねば!』のバトル企画「やるやらクエストII」の収録中、出演者がセットから転落した。頭部を強打し、亡くなったのは香港のロックバンド・BEYONDの黄家駒(享年31)。日本進出のさなかだったが、これで頓挫し、番組も打ち切られた。

なお、彼らの代表曲のイントロが別の人気番組で流れ続け、広く親しまれた。『進め!電波少年』のオープニングだ。不運な事故死だったが、せめてもの救いではある。

妄想と虐待といじめと

ジョンベネ症候群

●奈良女児殺害（16年）●広島女児殺害（17年）●千葉ベトナム女児殺害（29年）

幼い子供が悲惨なかたちで亡くなるのは痛ましい。平成の始まりには、幼女連続殺人事件が衝撃をもたらした。これと似た事件はその後も続く。なかでも、平成16年に起きた奈良小1女児殺害事件は、こうした犯罪の根深さを考えさせるものだった。

犯人の小林薫は平成元年に幼女8人に対する強制ワイセツで有罪となり、2年後には幼女へのいたずらと殺人未遂で懲役3年の実刑に処されていた。性犯罪の再犯率の高さが証明され、しかもエスカレートしたケースだ。

これをうけ「性犯罪を野放しにするな」という特集を組んだ雑誌も。そこでは作家の室井佑月が「子を持つ親としては、性犯罪者の居場所を知らせてほしい」としつつ、こんな主張をしていた。

「最低限、性犯罪を犯した人の出所後の状況を警察が把握すること。例えば、転居するたびに届け出をすることを義務づけるとか」

もっともな意見だろう。ただ、初犯の場合も多いし、意外な人が犯人だということもある。平成17年の広島小1女児殺害事件では、前出の小林薫が典型的な「オタク」だったことから、そういう犯人像が想像されていたが、逮捕されたのはそのイメージとは異なる日系ペルー人の男だった。無期懲役が確定している。

また、平成29年の千葉小3女児殺害事件では、保護者会の会長で、通学路の見守り活動にも熱心な男が逮捕された。殺されたベトナム国籍の少女とも顔見知りだったという。

ただし、起訴内容については裁判で全面否認。それればかりか「親の責任です」「(学校に)ひとりで行かせたから事件に遭った」と発言し、裁判長にたしなめられた。傍聴していた元担任教師は「あれだけ証拠がそろっているのに、罪を認めませんでした」と怒りをあらわにしたが、被告は無期懲役の判決を不服として、控訴中だ。

なかには、平成2年の足利事件のように、迷宮入りしてしまうものも。4歳女児を殺したとして逮捕され、無期懲役の判決を受けた男が、約10年間服役したのち、冤罪として無実になった事件でもある。

海外では、あのジョンベネ殺害事件が未解決のままだ。ミスアメリカになれなかった母の夢をかなえるべく、ミスコンで活躍していた6歳の美少女が、クリスマスの夜に誘拐され、なぜか自宅で遺体が発見された。日本でも大きく報じられ、数ヶ月にわたって続報を連載していた女性週刊誌もあったほどだ。

両親や9歳の兄まで疑われるなか、精力的な捜査が続けられたものの、22年後の今も真相は判明していない。ただ、逮捕された男はいる。タイに滞在していた米国人の元教師だ。性犯罪の常習犯でもあり、

「ジョンベネを愛していたが、幼すぎて、気持ちが通じ合わなかった。死んだのは事故だった」

と、発言。しかし、これは妄想だったのか、DNA鑑定の結果、無関係とわかった。

つい最近も、犯人だと告白した男がいて、米国の刑務所に性犯罪で収監中、友人への手紙にこう書いた。

「ジョンベネは私を完全に変え、私の中の悪を消し去った。ジョンベネの美しい顔、輝くように美しい肌、女神のような素晴らしい体を一目見て、他の子どもたちを殺害した私が間違っていたことを悟った。しかしアクシデントによって、ジョンベネは死んだ」

これもおそらく、妄想だろう。ジョンベネはこの手の男たちのあいだで、一種の偶像と化しているのかもしれない。

実母まで加害する理由

●目黒女児虐待死(30年)●秋田児童連続殺害(18年)

親による虐待死も、少なくなかった。こういうのはなくせるものでもないのだろう。平成30年

には、東京で5歳の女の子が実母と継父に虐待され、亡くなった。体への暴力だけでなく、ダイエットと称して食事を与えなかったり、朝の4時からひらがなを書く練習をさせるなど、その方法は多岐にわたったという。

「もっとあしたはできるようにするから　もうおねがい　ゆるしてください　ゆるしてください」

女の子がノートに書き残した言葉だ。実父側の祖父は、実母と継父について「殺せるもんなら殺してやりたいよ。結愛が感じたのと同じか、それ以上の恐怖を与えてやりたい」と語った。継父はともかく、実母までがなぜとつい考えがちだが、新たな愛をつなぎとめるため、前の愛の名残りである子供をいじめて、気に入られようとする衝動が働くことがあるらしい。

ジョンベネことジョンベネ・パトリシア・ラムジー。娘に夢を託していた母親も、事件から10年後、ガンで他界した。

自分の娘（9歳）を殺しただけでなく、翌月には近所の男の子（7歳）も殺して、無期懲役になった女もいる。平成18年に秋田児童連続殺害事件を起こした畠山鈴香だ。

娘の死は当初、警察に「事故」として処理されたが、母親が「事件」ではと言い出し、その後、第二の事件が起きたことで、警察はその捜査も再開した。母親は犯罪被害者給付金が目当てで、類似事件が起きれば娘のほうも事件化すると考えた、ともされる。

逮捕されるまで「私は被害者なんです！　被害者の話をそんなに聞きたいんですかぁ〜？」とメディアに毒づき、娘の消息を探るためのビラもまいていた。しかし、元夫は娘が行方不明だと聞いたとき「鈴香が殺したんじゃないか？」「とうとう邪魔になって殺したんじゃないか」という予感がしたという。その予感は当たり、娘は母親に橋の上から突き落とされていた。

「彩香ちゃんは『お母さん』と叫び声を上げながら真っ逆さまに落下し、川底に頭部を強く打ちつけた上、そのまま下流に流されていく中で、溺水により窒息死した」（検察の冒頭陳述より）

子供は親を選べない。運が悪かったとしかいいようがないものの、こうした死は書いていてもつらくなる。読む人もつらいだろう。

実父が息子を殺めることも珍しくはない。平成8年には、不登校から家庭内暴力をふるうようになった中3の息子を父親が金属バットで殴り殺した。

「息子をこのままほうっておくと将来どうなるのか。これ以上、地獄が続くのはもう我慢できない。限界だった」

と語った父は、東大を出て、出版社に就職。編集者として障害児教育の本なども手がけ、その著者いわく「まじめで温厚な」人だったという。子供の変貌に挫折感を覚え、それが「限界」につながったのだろうか。

離婚成立直後、父親が面会交流で会っていた娘と無理心中するという事件もあった。平成29年のことだ。4歳の娘は生前、母親に「パパ、謝ってたよ。許してあげーや」などと言い、仲を取り持とうとしていたが、母は「彼の弱さ」が原因だとしたうえで「結局いつかは起こっていたんじゃないかと思います」と振り返った。

「朝10時に、うれしそうに出かけていった娘を見たのが最後です。（略）映画を見て、おもちゃを買って、最後にちゃんと父親したかったんでしょうね。娘まで勝手に連れていって、最後の最後まで自己中で……」

平成11年には、文京区幼女殺人事件が世間を騒がせた。2歳の園児がいわゆる「ママ友」によって連れ出され、くまのプーさんのマフラーで絞殺された事件だ。当初は、背景に名門の幼稚園・小学校への受験問題があったとされ「音羽お受験殺人事件」とも呼ばれた。また、犯人へのいじめが介在したともいわれ、娘を殺された母親にも非があったと報じられたものだ。

が、真相は違った。犯人はもともと、コミュニケーションが苦手で、引きこもりや拒食・過食も経験、睡眠薬自殺を考えたこともあったという。そういう不安気質の人が、育児を通じて出会った母親仲間に友情を抱き、それが裏切られたと勝手に思い詰めたためにその娘を殺してしまったということだった。それゆえ『週刊文春』は6年後、謝罪の意味で「『報道被害』を考える」という記事を組み、被害者側（孫を殺された祖父）の手記を掲載することになる。

なお、犯人は裁判で「春奈ちゃんがいなくなれば、若山さんとも顔をあわせなくて済むようになると考えたからです」と殺害動機を語り、なぜ母親を狙わなかったという質問にこう答えた。

「あの年頃の子どもというのは母親と一心同体なんです」

子供を殺すことは母親を殺すことでもある、ということだろう。「一心同体」とは子を思う母心の深さを示す言葉だが、ともすればこうした悲劇につながる怖さも秘めている。

弱い者「いじめ」は連鎖する

●愛知中学生いじめ自殺（6年）●川崎市中1男子惨殺（27年）●時津風部屋新弟子暴行死（19年）

いじめなどによる少年少女の自殺も、あとを絶たなかった。平成6年には、愛知で中2の少年が同級生男子4人に追いつめられ、首を吊って死亡。暴行もひどかったが、金品の恐喝は大人顔負けで、総額百万円を超え、盗みもさせられていた。

遺書には、少年の優しく自責的な性格があらわれている。「僕からお金をとっていた人たちを責めないで下さい。僕が素直に差し出してしまったからいけないのです」と綴り、家族ひとりひとりに謝罪やねぎらいの言葉をかけた。そのうえで、

「なぜ、もっと早く死ななかったかというと、家族の人が優しく接してくれたからです。（略）けれど、このごろになって、どんどんいじめがハードになり、しかも、お金もぜんぜんないのに、たくさんだせといわれます。もう、たまりません」

そんな少年の葛藤とはうらはらに、例によって「いじめ」を認めたがらない学校側の体質も浮き彫りになった。父親は「いじめ」という言葉にこだわるから、認めるかどうかという話になり、結局見ないようになるのだと指摘。そして「やってはいけないことをそのつど注意してくれればよかった」とも語った。さらに「いじめ」は「ある」が前提であり、

「先生方が、そういう前提で指導していれば、清輝へのいじめは、あれほどエスカレートしなかったはずです」

と、訴えたのである。

平成27年に起きた、中1男子全裸惨殺事件も衝撃的だった。小6の途中で、隠岐島から川崎に引っ越してきて「カミソン」というあだ名で親しまれていた少年は、中学入学後数ヶ月で年長の不良グループと交わり「パシリ」になる。リーダー格の18歳少年から暴行も受け始め、地元のタクシー運転手はのちにこう証言した。

「同僚がね『この子、仲間に脅されて「おいお前、タクシーにぶつかってこいよ!」と背中を押されていた』って。走っているタクシーの前に飛び出せっていうんです。(略)ニュースを見ると、目のまわりがひどく殴られていた。あの時点で傷害罪じゃないですか」(『週刊女性』)

目のまわりを殴られたときには青あざができ、カミソンを可愛がっていた中学生グループは、リーダー格の家に乗り込み、抗議した。が、これがかえって逆効果だったようだ。リーダー格はキレてしまい、暴行はさらに激化する。そして2月、夜中に呼び出されると、河原で縛られ、あちこちを刺され、首を切られて絶命するのである。イスラム国の処刑を真似たかのような犯行だ

った。

一方、リーダー格の少年は、幼い頃、親から虐待に近い暴力的な折檻をされていたという。その結果、近隣住人いわく、

「子どもはさらに弱いものをいじめ、野良猫を水が入っている樽に入れて、棒で突っついて殺していました」(『週刊女性』)

こうした負の連鎖に、カミソンは巻き込まれてしまったのだ。

この事件は、少年同士によるものだが、そこに大人まで加担したケースもある。大相撲の時津風部屋力士暴行死事件だ。平成19年、入門してまもない序の口力士の時太山がリンチによる多発外傷性ショックで死亡した(享年17)。時津風親方をはじめ、兄弟子3人もよってたかって暴行。親方夫人も賛同していたと、スポーツ紙は報じた。70以上も傷がついた遺体は目も当てられない状態で、実家の女性たちは半狂乱になったという。

しかし、警察は当初、事件性に気づかず「病死」と発表。親方も時太山の父に「死因は急性心不全です。葬儀から火葬まですべてこちらがやります」と伝えた。証拠隠蔽のためだが、父がこちらから迎えに行くと言うと「遺体をそちらに搬送する」として、それを実施。遺体が県外に出ると、捜査ができなくなることを踏まえての、これも巧妙な工作だった。

それでも「よし、この男と徹底的に闘おう」と覚悟を決めた父と家族は、解剖と鑑定を要請。その結果、警察もミスを認め、親方と兄弟子3人が傷害致死などで逮捕される。ビール瓶で殴ったり、事実をごまかそうとした親方は相撲協会を解雇され、懲役5年の実刑に服すことに。ただ

し、刑期の途中で肺ガンにより64歳で亡くなった。

とはいえ、父には後悔が残った。「きつい、辞めたい」と言い、逃亡までした息子の苦境を察することができず、また、親方や兄弟子たちの引き止めに「不覚にも感動してしまい」息子を見殺しにすることになったからだ。

「事件の種をまいたのは自分ではないかという自責の念がどうしても拭えない。（略）でも、俊の受けた地獄の苦しみから比べたらまだ足りない」

事件の2年後、悲痛な思いを手記に綴っている。ただ、時太山の死は大きな反響を生んだ。それが暴力をなくしていくという、大相撲改革の動きにつながったことは間違いない。

心が折れたエリート娘

●電通OL自殺（27年）●水上警察隊女性船長自殺（12年）

同様に、過労死をめぐる問題提起となったのが、電通社員・高橋まつりの自殺だ。離婚でシングルマザーとなった母親に負担をかけないよう、また、喜ばせられるよう、奨学金に頼りながら苦学して東大に進んだ彼女は、5年で卒業（在学中、中国に留学している）。平成27年に、世界的な広告代理店・電通に入った。

大下英治の著書『電通の深層』によれば、彼女は『週刊朝日』の愛読者で、大学時代は編集のアルバイトもしている。また、合格発表時には『週刊ポスト』にインタビューされ、グラビアに登場するなど、才色兼備な女性でもあった。こういうタイプは女子アナでも目指しそうなものだが、電通を選んだのは「激務だけど、給料はいい」という理由からだという。

しかし、その「激務」は彼女の想像を超えるものだった。本採用となった10月以降、ツイッターでは、

「休日返上で作った資料をボロくそに言われた。もう体も心もズタズタだ」「土日も出勤しなければならないことがまた決定し、本気で死んでしまいたい」「死ぬ前に送る遺書メールのCCに誰を入れるのがベストな布陣（か）を考えてた」

などとつぶやき、

「男性上司から女子力がないと言われるの、笑いを取るためのいじりだとしても、我慢の限界である」「鬱だ」

と、ツイートした5日後のクリスマスに、社員寮から身を投げてしまう。直前には、母にメールで自殺願望をほのめかし「死ぬくらいだったら、会社は辞めてもいいから」と電話で言われたが「うんうん」と返していた。この死は労災によるものと認定され、大企業の美人ＯＬの過労自殺として波紋を生むことになる。

このニュースを知ったとき、思い出したのが平成12年の女性警察官の自殺だ。水上警察隊初の女性船長としても話題になった人だが、自宅で首を吊り、25歳で人生の幕を下ろした。引き金になったのは、先輩の巡査部長との結婚を決めた際、直属ではなく前の上司に仲人を頼んだこと。警察ではことのほか、冠婚葬祭での「筋」にこだわるのだという。

部屋に遺されたB5ノートの1枚には、

「みんなが何かしら不満や怒りをもっていて、何をどうしても解決しません。私の行動により、みんなが、少しずつ歩みよって、許しあえたらと思います（略）みなさんを怒らせるつもりなんてなかったんです。ただ、幸せになりたかっただけなんです」

と綴られ、余白部分には「評価を下げないでください。あの人は少しも悪くありませんでした」と、恋人をかばう言葉が付け足されていた。

子供たちだけでなく、若い女性たちのこうした死も痛ましいものだ。

電通側の謝罪に対し、合意する会見を開いた高橋まつりの母。亡き娘の写真を前に、涙を見せた。

エロスと暴力の果て その2

「痴話げんか」と犯罪の境界

●桶川ストーカー殺人(11年) ●市川市英国女性殺人(19年)

「ストーカー」は平成に流行し、定着した言葉だ。平成9年には『ストーカー・誘う女』『ストーカー・逃げきれぬ愛』という2本のドラマが同じクールに放送された。その3年後には「ストーカー規制法」が成立する。もちろん、つきまとい行為自体は昔から存在するわけだが、法律まで生まれたのは、桶川事件がきっかけだった。

これは平成11年、21歳の女子大生が別れ話のもつれから執拗な脅しや嫌がらせを受けたあげく、元・恋人の仲間たちに刺殺された事件。元・恋人は沖縄にいたが、指名手配され、翌年、北海道の屈斜路湖で自殺した(享年27)。

女子大生は何度も地元の上尾署に相談していたものの、「痴話げんかに目くじらたてていられない。殺されるなんてことあるわけない」(『週刊朝日』)

と、取り合ってもらえず、告訴の取り下げまで持ちかけられたという。民事不介入という縛りが警察を消極的にしたともいえるが、実行犯のひとりでもある、元・恋人の兄は裁判で気になる証言をした。元・恋人がオーナーだった裏風俗店の常連客にかなりの数の上尾署員がいた、というのだ。

そして、規制法ができても、ストーカー事件は続いた。平成26年の三鷹ストーカー殺人事件では、芸能活動もしていた18歳の女子高生が犠牲者に。犯人はトラック運転手で、日本とフィリピンの混血だった。事前にナイフを買い、自宅にしのびこみ、学校から帰宅したところを刺し殺したのである。

犯人はまた、女子高生の裸の画像や動画をネットに投稿していた。いわゆる「リベンジポルノ」だ。この事件はこうした犯罪への関心も高め「リベンジポルノ被害防止法」の成立につながった。

平成19年には、千葉の大学生・市橋達也が英会話学校「NOVA」の英国人講師の女性を自宅で殺害。ストーカー事件ではないが、やはり男性による性愛の暴走が生んだ悲劇だ。しかも、犯人がイケメンで、事件直後に逃走し、2年7ヶ月にわたって捕まらなかった。これにより、犯人は不思議な「人気」を得るにいたる。裁判に連日、彼を「イッチー」と呼ぶ10数名の「ファン」が駆けつけたのだ。

「知らない男の家に入るリンゼイさんも軽はずみでは?」「後ろ指ささないでくださいって近所に頼んでおきました」「獄中結婚したい!」

口々に思いを語る女性たち。娘の日本行きを「安全でいい国だから賛成した」という父親が聞いたらますます落胆しそうだ。が、ある意味、こうした事件が注目される理由の一端を示すものでもあるだろう。

たとえば、平成17年から数年間活躍した「霞っ子クラブ」という女性傍聴人グループがいる。そのうち、今も傍聴ライターとして独自の世界を追究している高橋ユキは、桶川事件の元・恋人が最後に入った店で彼が好んだラーメンを食べたという。また、ルーシー・ブラックマン事件（平成12年）の犯人男性が泊まった宿に行ったときは同じ部屋にしてもらった、とも。

こうした事件には、暴力とエロスがかもしだす刺激がある。人は大なり小なり、反発や嫌悪を含め、関心を抱かざるをえないのではないか。

イッチーこと市橋は捕まる数日前、整形をしていた。それがかえって災いし、足がついたわけだが、整形を繰り返すことで長期の逃亡に成功した女性もいる。松山ホステス殺人事件（昭和57年）の福田和子だ。

逃走犯が抱えた闇

●福田和子逮捕（9年）●東電OL殺人（9年）

スナックの同僚を絞殺したあと、彼女は15年近く捕まらなかった。あちこちを転々とし、23もの偽名を使い、わざと離れた土地で知り合いに電話をかけて捜査を撹乱したりもしていた。その電話が録音された、

「あぶないあぶない。逆探知されたら困る」

という肉声は、未解決事件モノなどのテレビでちょくちょく流れ、筆者の母親などはよくマネしていたものだ。

金沢では、和菓子店の女将におさまりかけたこともある。若旦那が彼女と結婚するために離婚してしまったほど執心で、そのプロポーズをはぐらかしているうち、正体がバレ、間一髪で逃亡。しかし、平成9年、時効成立まであと21日のところでついに捕まり、無期懲役となるわけだ。

それにしてもなぜ、そこまで逃げることにこだわったのか。彼女には刑務所に苦い思い出があった。18歳のとき、恋人と押し込み強盗をして入れられた松山刑務所でレイプされていたのだ。

『週刊文春』で元看守が語ったことによれば、

「私は福田に『面会やのに、なぜ泣くんや？　しゃんとせんか』と声をかけました。彼女は『家族に言うても先生（看守）に言うても、誰も信じてくれん』と訴えた。当時、刑務所にはヤクザの大親分やその息子が入っており、刑務所保安課の係長まで金で買収され、ひどい実態がなかなか表面化しませんでした」

松山刑務所による文書には「組長」が「拘置所女子一房において」「Fを再び脅迫、強姦した」などと記され、その数は10回を超えたという。

福田は1歳のとき、両親が離婚。小6で間借り先の主人に性的虐待をされたり、中学時代には母親が始めた売春宿の客にレイプまがいのことをされたりもした。彼女が本当に逃げたかったものの大きさを思い知らされるようだ。真の解放は、服役中の平成17年に訪れたくも膜下出血による死（享年57）だけだったのかもしれない。

彼女が捕まった4ヶ月前には、東電OL殺人事件が起きた。東京電力の管理職だった39歳の女性が、渋谷の古い空きアパートで何者かによって殺され、その生活ぶりなどがスキャンダラスに報じられた事件だ。

被害者は昼間、OLとして働きながら、夜は「立ちんぼ」と呼ばれる個人営業の売春をしていた。その容姿や行動から拒食症だったと思われ、発症には慶應大学在学中に経験した父の病死と、入社後の挫折が関係していたとされる。退社から終電までの数時間に一日4人というノルマを自らに課し、何かにせきたてられるように身を売っていた。それはまるで自傷行為のようでもあり、世間を大いに驚かせたものだ。

男性週刊誌のなかには「惨殺エリートOL奔放SEX現場写真！」と題した記事を掲載したところもあった。『噂の真相』によれば、写真を流出させたのは元・交際相手を名乗る男性で、警察や雑誌、新聞に数枚渡したあと、再び警察から連絡が来て、残りの写真を提出させられたという。

その男性いわく、

「『フライデー』などはその直後に『謝礼は50万円払います』と連絡してきたけど、もう手元にはなかった。その他には取材は受けたけど写真は渡していないから、マスコミが掲載している写真は『大衆』か『朝日』のルート、あるいは警察からマスコミに流れたんでしょう」

この『噂の真相』には被害者と東電幹部社員との不倫疑惑も出ている。そんななか、東電は各テレビ局に報道をやめるよう「圧力」をかけた、とも。3年後に『東電ＯＬ殺人事件』を出版した佐野眞一も、東日本大震災のあと、こんな話をしている。
「当時、俺はせめて表題から『東電』の二文字を外させようとする広報担当者からやけに豪奢な鯛釣り旅行に誘われたり、慇懃で狡猾な懐柔工作の標的になったから、その隠蔽体質はイヤになるほど肌で痛感しているけどね。隠蔽体質の最たるものは泰子が夜の商売をしていることを、東電の連中がみんな知っていたことだよ。それでいて社員が身体を売っているなんて認めるわけにいかないから処分するでもなく、ロクに寝てないから会議中にウトウトする泰子を、同僚はみんなでバカにして笑っていた」（『週刊ポスト』）
たしかに、会社としては隠したい話だろう。また、被害者の母親は事件直後、メディアに送っ

映画『恋の罪』。監督の園子温は東日本大震災の翌年、原発問題を扱った『希望の国』でも話題を呼んだ。

た手紙のなかでこう綴っていた。

「娘はどうやら人様にお話出来ないようなことをしておりましたようで社会の皆様には恥かしくこの点、申し訳なく心からお詫び申し上げたいと存じます」

母親のこの気持ちもわかるが、この死は「恥」というよりもっと切実で哀しいものを感じさせる。小説や映画の題材に何度もなっているのも、惻隠や憐憫の情を覚える人が少なくないからだろう。実際、佐野の本にも世代や立場の近い女性からの共感の声が多く寄せられたという。

なお、事件の2ヶ月後、ネパール人男性が逮捕され、二審では有罪となった。が、平成24年に冤罪だったとして釈放され、犯人は今も不明だ。

騙して殺す女と男

●連続不審死同時多発（21年）●本庄保険金殺人（11年）

平成21年には、ふたつの似た事件が注目を浴びた。首都圏連続不審死事件と鳥取連続不審死事件だ。

どちらも犯人は小柄な肥満体型の中年女性で、数多くの男と関係を持ち、金を貢がせ、そのうちの何人もが謎めいた死を遂げていた。ただ、前者が未婚で、セレブを装い、婚活サイトを利用していたのに対し、後者は5人の子供を抱えながら貧困にあえぎ、田舎の場末のスナックで働いていた。ともに死刑が確定している。

その10年前には、本庄保険金殺人事件が関心を集めた。3人の愛人を使って偽装結婚させ、結婚相手を殺して保険金を騙し取るという、裁判官をして「犯罪史上に例を見ない巧妙で悪辣な犯行」と言わしめた事件だ。

しかし、関心を集めた理由はそれだけではない。疑惑発覚から8ヶ月にわたり、主犯の男が通算203回も有料会見を開き、メディアを翻弄。どちらが持ちかけたかは不明だが、独占取材の名目で、主犯と愛人たちとともに温泉に行き、その宿泊代を払った（払わされた）テレビ局もあった。

しかも、主犯の男は各メディアに対し、格付けというか論功行賞のようなこともした。「ワースト会社」には『週刊文春』などが選ばれ「ベスト記者」の称号は温泉取材を行なったテレビ局の記者らに与えられることに。とまあ、事件好きなメディアと世間を逆手にとったわけだが、最後は逮捕され、平成20年、最高裁で死刑判決が下された。

この事件にメディアが飛びついた背景には、約1年前に起きた和歌山毒物カレー事件の影響も大きかった。夏祭りで振る舞われたカレーにヒ素が混入されていて、4人が死亡した事件だ。疑惑を報じられた37歳の主婦・林眞須美は、自宅につめかけた取材陣にホースで水をぶちまける行為などで、注目を浴びる。やがて、保険金詐欺で逮捕され、この事件でも再逮捕となるが、その後も夫とともに話題を提供し続けた。メディアも世間も、次の「スター」をどこかで待ち望んでいたふしがある。

なお、この事件は林が犯行を全面否認したうえ、決定的な証拠がないまま、死刑が確定した。

最後に、暴力とエロスが絡んだ事件をもうひとつとりあげておこう。平成30年、岩手の一関で起きた、74歳の男が80歳の女性を殺害した事件だ。窃盗罪で収監中も、アパートの家主でしかないこの女性に濃厚なラブレターを送るなど、執着していた。

その内容たるや、

「必らず帰たらヨシコの性感マッサージしてあげるよ　ね　ヨシコ忘れないでね　クンニングもしてあげるよ」

という、正確さにも品性にも欠けるもの。恋人でもない女性は怯え、アパートから退去させたものの、出所後のことを危惧していた。その危惧が的中し、可愛さ余って憎さ百倍となった男は女性の自宅に侵入して、刺殺してしまうのだ。

じつは人間の性欲も攻撃性も、年齢とともに衰えるとは限らない。その一方で、心身の制御はきかなくなりがちなので、高齢者同士の恋愛トラブルはむしろ起きやすいともいう。老人ホームでも、スタッフが対応に苦慮しているようだ。

平成の次の時代には、こうした事件がさらに増えるのだろうか。

医療と福祉と人間の業

薬害エイズと割り箸裁判

●安部英逮捕（8年）●割り箸死亡（11年）

医療とは本来、人を生かすものだ。が、ときに、両刃の剣としての怖さを示すことがある。平成初期には、そういう現実を思い知らされる大きな出来事があった。薬害エイズ事件だ。

これは血友病患者に対し、危険性が指摘されていた非加熱製剤を使用したことでＨＩＶ感染やエイズ発症が起き、多くの人が犠牲になったというもの。当時「死にいたる病」であったエイズに関することなので、世の中は騒然とした。一説には、数百人もの死者が出たという。平成元年の民事訴訟に始まり、8年後には厚生省の役人や製薬会社・ミドリ十字の幹部、そして血友病の権威でエイズ研究班の班長でもあった医師の安部英が業務上過失致死で逮捕されることになる。

このなかでも安部は、非加熱製剤の推進派であっただけでなく、加熱製剤の開発が遅れていたミドリ十字との関係が深く、その便宜を図っていた疑惑も報じられた。元・札幌高検検事長の佐藤道夫は、安部の姿勢をこう表現している。

「ええい面倒だ。とにかく助かる人数のほうが多いんだから使っちゃえ。五人、十人死んでも仕方ない」(『週刊朝日』)

その結果、被害者のひとりでのちの国会議員・川田龍平らから殺人未遂で告訴されたり、亡くなった血友病患者の母親に殺人で告訴されたりもした。しかし、中曽根康弘・元首相などとも親しかった安部はひるむことなく、名誉を傷つけられたとしてマスコミなどを訴えてもいる。その会見では、

「私の方針と言ってもらっては困る。私を含めた全体の方針だ。(マスコミは)私を魔女狩りの魔女にした」

と、主張。また、国会の厚生委員会では、関係者の名前を聞かれても「年寄りで(思い出すのは)どうしてもだめです」と答えるなど、80歳(逮捕時)という高齢を盾にもしていた。結局、一審では無罪を勝ち取り、その後、心臓病や認知症を患ったことで、公判中止に。平成17年、88歳で世を去った。

エイズという時代の病、そして勝ち組の高齢者、という意味でも、平成を象徴する事件だったといえる。

これとは別の意味で、象徴的だったのが、平成11年の「割り箸事件」だ。盆踊りのさなか、わた飴を食べていた4歳の男の子が転んだ拍子に、割り箸がのどに刺さり、亡くなった。折れて残った割り箸が脳にまで貫通したためだが、診察にあたった医師が翌年、業務上過失致死で起訴さ

れてしまう。

男の子の母親は雑誌などで哀しみと怒りを語り、検察やメディアは医療ミスだと責めたてた。しかし、耳鼻科の専門医によれば「CTスキャンを撮ったとしても、金属ならば映りますが、割りばしのような木は映りません」とのこと。実際、医師は無罪となった。ただ、この件は医療現場の萎縮をもたらしたとされる。普通に診療をして、犯罪者扱いされるのではかなわない、というわけだ。

たしかに、医師は万能の神ではなく、この件も不運な「事故」というほかない。医療を受ける側の「自己責任」についても考えさせられる悲劇だった。

自殺とネットと殺人と

●ドクター・キリコ(10年) ●自殺サイト殺人(17年) ●座間9遺体(29年)

自己責任という意味では、自殺という問題もある。まずは平成10年のドクター・キリコ事件に触れておこう。ドクターといっても、本物の医師ではなく、ネット空間に設けられた「安楽死狂会」というホームページにおいて、死にたい人の相談にのったり、薬の解説をしていた男だ。それだけならよかったが、彼は毒物も扱っていた。青酸カリを入れた「EC(エマージェンシーカプセル)」を自殺防止の「お守り」として売っていたのだ。

これは鶴見済が『完全自殺マニュアル』(平成5年)で紹介した「イザとなったらこれ飲んで

死んじゃえばいいんだから」的な、気楽に生きるための逆転の発想を応用したものだろう。それゆえ、ドクター・キリコはあくまで、飲まずに保管するよう伝えていたのだが……。

ひとりの女性（24歳）が飲み、病院に搬送されてしまう。医師から連絡を受けた彼は、「本当ですか。六錠ぜんぶ飲んだら即死だ。その女性が死んだら、僕も死にます」と、答えた。そして言葉通り、自らも「お守り」によって命を絶ってしまう。これにより、正体が判明。札幌に住む27歳の塾講師だった。

ただ、青酸カリを買ったなかには「カプセルを取り上げられたら本当に自殺する」と言って、警察の任意提出を拒む女性もいた。また、彼の死で青酸カリを受け取り損ねたことから「あの死んだ女の人のことはすごく怒っている」「あたしたちの共同体が壊れてしまったんだもの」と語った女性も。死者が出てもなお、命がけのお守りに頼りたいほどの「死にたい」を抱える人がまだまだいたのだ。

ちなみに、この年は日本の自殺者数が初めて3万人を超えた年でもあった。そこから14年間、自殺者3万人時代が続くことになる（これにより、経営状態に悪影響が生じたのが生命保険会社だ。対策として、加入から一年以内の自殺には支払わないとしていた免責期間を、二年に延長して、支払い金をちょっとでも抑制しようとする会社も出現した）。

そんななか、平成17年にも、自殺とネットが結びついた事件が発生。36歳の男が自殺サイトで殺人対象を探し、10代20代の男女3人が犠牲になった。男は2年後に死刑を宣告され、その2年後に執行された。

そして、記憶に新しいのが、平成29年の座間9遺体事件だ。27歳の男が9人の男女を次々と殺し、遺体の頭部などを自宅に隠していた。それ自体、特筆すべきことだが、それ以上に注目されたのが、相手を信頼させ誘い込む方法である。男はツイッターなどのSNSで「首吊り師」などと名乗り、死にたい人の気持ちを理解し、協力する存在として接近していた。かつて、違法の売り専門風俗店でスカウトマンをしていた経験もあり、それがネット空間でも役立ったのかもしれない。

『週刊女性』には、男とカカオトークで交流したことのある17歳の少女が登場。「首吊りで2回失敗してるから不安でしかないです」「結び方、緩衝材、高さ、薬、ちゃんと勉強すれば死ねます」といった実際のやりとりを公開したうえで、こう語った。

「ニュースを見て、本当だったんだって思いました。通話して、殺してもらえればよかったって今は思っています」

もちろん彼女なりに切実なのだろうが、どこかふわりとした印象も受ける自殺願望。そういうところにこうした男の殺意がしのびこみやすいとも考えられる。

また、平成17年には、16歳の少女が母親をタリウムで毒殺しようとし、その衰弱していく過程をブログに記録していたという事件が起きたが、この少女は高校入学時、友達にこんな自己紹介をしたという。

「自殺したい人は、いつでも私のところに来てください。薬を持っていますから」

別項でも見たように、自殺と他殺は紙一重というか、死にたい気持ちと殺したい気持ちは意外と近いのかもしれない。

そのふたつの願望を、愛し合うふたりが共有しながら満たすのが「心中」だともいえる。日本では、江戸時代にも近松門左衛門の心中物が人気を博したが、その伝統はすたれていなかった。平成9年に単行本化された渡辺淳一の小説『失楽園』が映画やドラマにもなり、そういう事件が実際に起きれば「○○失楽園」などとして騒がれたりしたものだ。

作詞家の阿久悠も、こんな分析をしている。

「しかし『心中』という言葉には、えもいわれぬ甘い罠のような魅力がある。（略）自殺は厭だが心中なら悪くない、という思いを先天的に持っていると考えた方がいいのかもしれない。自殺は死だが、心中は架空の創造だと感じるところがないでもない」

平成11年には、61歳の医師と21歳の女子大生が薬物による心中を遂げた。ふたりは半年近く前に知り合い、男は10日ほど前に離婚したばかり。女は女で、ある人気バンドのボーカルが有名になる前、つきあったりしていたという。まさに『失楽園』ばりの話だ。

たしかに、心中にはふたりで死を演出していくという快楽めいたものも潜んでいるのだろう。阿久はそれを「架空の創造」と感じたわけだ。

病院大量死、バイアグラ、百歳老人

●筋弛緩剤(12年)大口病院(28年)●バイアグラ死(10年)●百歳老人行方不明(22年)

医療と死という話に戻ると、平成12年には筋弛緩剤点滴事件が起きた。仙台のクリニックで、多くの患者が謎の急変により死亡。点滴に筋弛緩剤が混入されていたためで、准看護師をしていた29歳の男が逮捕された。ただし、容疑としてはひとりの殺害と4人の殺害未遂だ。

クリニックとはいえ「世界初のＦＥＳ（機能的電気刺激）治療法を導入した病院」として、最先端の医療が売り。そんな場所での殺人事件である。宮城県警の刑事部長は「いままで経験したこともない、極めて凶悪な事件だ」と表現した。しかも逮捕当初、

「給料が事前に聞いていた条件と違っていた」「副院長の女性医師から、軽く扱われていた」

などと供述していた犯人が、３日後から否認に転じたため、冤罪説が浮上する。弁護団は病院側のでっちあげだと主張し、最高裁で無期懲役が確定後も抗告や特別抗告を行なっている。

病院での殺人としては、平成28年の横浜大口病院連続点滴中毒死事件もある。仙台での「変死」が10人ほどなのに対し、こちらは40人超というレベルだ。２年後、点滴に消毒液を混入させていたとして、看護師をしていた31歳の女性が逮捕された。

「終末期医療の現場がつらかった」「自分が勤務中に患者が亡くなると遺族への説明が面倒」

というのが、明かされた動機だ。

なお、こちらも大半の証拠が消滅していたことから、立件されたのは3人に対する殺人。年齢は88歳、88歳、78歳である。ちなみに、仙台の事件で殺人として立件されたのは89歳なので、4人はすべて後期高齢者ということになる。

そういう意味では、このふたつの事件から、老人の弱さというものも見えてくる。医療、病院、あるいは施設で守られる人の多くはやはり高齢者だ。平成28年には、岩手のグループホームで台風による濁流に呑みこまれた9人の老人が亡くなった。

かと思えば、自らの老いに気づかず、あるいは気づいていてもなお、習慣を変えない人が引き起こす死も。平成30年には、90歳の老女が車で赤信号の交差点に突っ込み、57歳の女性が死亡した。近隣では「車が好きなおばあちゃん」として知られていたという。飲酒やドラッグ、さらには「あおり」による暴走も怖いが、高齢化が進むなか、こういう暴走はもっと増えていきそうだ。

また、バイアグラで命を落とした人もいる。平成10年、不動産業などに関わっていた63歳の男が、26歳下の妻と性交したあと、心停止でそのまま昇天してしまった。『週刊文春』には、友人のこんな証言がある。

「彼は子供のために、バイアグラの個人輸入で儲けてもう一旗揚げたかったんですよ。心臓病でニトログリセリンを服用してましたから『まさか、飲まないでしょうね』と注意したんですが、商売にする以上は自分で試したかったんでしょう」(銀座のクラブ元店長)

妻とは再婚で、子供はふたり。前妻とのあいだにも子供がふたりいた。ほかに、別々の愛人に産ませて認知した子供がひとりずついて、計6人の父親だった。周囲には、

「女や子供がいるからこそ仕事に張り合いが出るんだ」

と語り、それなりに成功して甲斐性もある豪快な男だったわけだが……。自分の健康を過信したことが、日本初の「バイアグラ死」につながった。

ただ、これにより、厚生省はバイアグラの承認を急いだ。個人輸入によるこうした悲劇が起こりにくくなるよう、翌年、ファイザーから正規販売されることになる。

平成22年の「百歳老人行方不明問題」も印象的な現象だった。戸籍上では生きているものの、とうの昔に死んでいたという人たちが各地で次々と見つかったのである。まずは東京で、111歳になったはずの男性が32年前に亡くなっていたことが判明。その家族は1千万円近い遺族年金などを不正受給していたため、詐欺罪で逮捕された。

以後、全国で調査が始まり、百歳以上の所在不明者は23万人を超えることがわかった。多くの老人が元気に暮らす平成の日本は、平均寿命の短い発展途上国の人から見れば夢のようだというが、そういう日本には日本のこんな現実があるのだ。飽食の世の中にこそ、摂食障害のような病が流行するように。

人間のむなしさも「進化」した時代

●相模原障害者施設殺傷(28年) ●ベトちゃん死亡(19年) ●クローン羊ドリー死亡(15年)

そんな病んだ「現実」の一端を垣間見せたのが、相模原障害者施設殺傷事件である。平成28年、福祉施設の津久井やまゆり園に26歳の男が侵入して、寝ている障害者たちを無差別攻撃。19人が殺害され、26人が重軽傷を負った。

男は障害者に強い蔑視感情を抱いていたようで、大学時代の教育実習でもこんな二面性を見せている。小学校の児童からの評判はよかったというが、特別支援学級で実習したあとには、ネットでこんな感想を書いていた。

「きょうは身体障害の人200人ぐらいに囲まれてきたぜ。想像以上に疲れるぜ。みんな頭悪いぜ」

にもかかわらず、翌年、障害者施設で働くようになり、3年以上も勤めることに。ただ、入所者への落書きや自身の刺青など施設の風紀に合わない行為も目立った。事件の5ヶ月前には衆議院議長公邸に行って、障害者を安楽死させる法案を出すよう要請するなどの内容の手紙を渡し、そこには「私は障害者総勢470名を抹殺することができます」という犯行予告まで書かれていたのである。このことを知った施設が緊急面談をすると、

「障害者は周りの人を不幸にする。いないほうがいい」

と語り、自主退職してしまう。その流れで措置入院となり、大麻の使用も判明した。入院中「ヒトラー思想が2週間前に降りてきた」という話もしたとされる。

こうした経緯から、メディアはこの男がナチスの優性思想のようなものを信奉していたのではと分析。危険極まる犯行として総括したのだ。

もちろん、これは死者の数から見ても戦後最大の殺人事件であり、残虐なのは明らかだ。しか

し「人間のすることではない」などという声にはいささか首を傾げたくもなる。ホームレスを殺す事件がちょくちょく起きるように、弱い者をいたぶるのはむしろ人間らしい行為なのではないか。また、犯人は障害者が庇護されることに嫉妬していたという仮説も成り立つ。弱い者を守ろうとしたことがかえって彼らの死につながったという、皮肉めいたものも感じなくもない。

平成はそんな人間らしいむなしさも「進化」した時代だった。ベトナム戦争の枯葉剤が生んだベトちゃんドクちゃんのベトちゃんの死（平成19年、享年26）だったり、クローン羊ドリーの誕生と死（平成15年、6歳）だったり。可愛いペットや名馬の死に泣く一方で、狂牛病や鳥インフルエンザの家畜を大量殺戮できるのも人間である。他の生き物には優生思想を適用しているわけで、人間同士であってもそこから逃れることは難しい。人間だからこそ、相模原事件のようなこ

哺乳類としては世界初のクローン誕生として、物議をもたらしたドリー。聖書にある「迷える羊」とは人類そのものかもしれない。

ともしてしまうのだろう。

理想は理想として、現実のむなしさともうまくつきあっていきたいものだ。事件の死は、人間の生々しい業をいやおうなしに示し、その宿命を教えてくれる。

第六章

平成的人気者のブレイクと退場

孤独死する美女

●山口美江（24年・51歳）　●大原麗子（21年・62歳）

昭和から唯一生き残っていた芸能週刊誌『週刊明星』。その目玉企画であるロングインタビューに、平成になって最初に登場したのが山口美江だ。

日独のクオーターで、インターナショナルスクールから上智大に進んだ彼女は、外資系メーカーに就職。昭和62年に『CNNヘッドライン』のキャスターに起用され、英語が堪能な、いわゆるバイリンガルタレントとして世に出た。その後「しば漬け食べたい」という台詞が印象的な「フジッコ」のCMでブレイクを果たし、そこから連ドラに主演したり、お笑いにも挑戦するなど、マルチに活躍。出世作のCM同様、元気にバリバリと働く姿は、バブル期の日本女性の理想像を体現していたともいえる。

共演が多かったビートたけしはのちに、

「間を読むのがうまい人。橋渡しがうまいというか、勘がいいのかな。頭も良くて見た目も良い人が、お笑いをやったのが衝撃的で凄いなと思った」

と、回想。ただ、神経質で潔癖な性格は芸能界向きでなかったのかもしれない。やがて心身の不調をきたし、平成8年に自殺未遂が報じられたあと、引退してしまった。

その10年後、小さな輸入雑貨店の経営者となっていた彼女は雑誌の取材にこんな説明をしている。

「激太りだの激やせだのと、ワイドショーなどで騒がれ始めたんです。（略）そういうのが心底イヤになって、スパッと芸能活動をやめようと決心しました」

しかし、その時点で彼女はさらなる不幸を経験していた。父親が重度のアルツハイマー型認知症になり、ひとりで介護して見送った直後だったのだ。母親は彼女が16歳のときに病死。日独ハーフの父は彼女が芸人の渡辺正行と恋におちたとき、猛反対したほどの堅物だったが、彼女は自他ともに認めるファザコンでもあった。

この経験を活かして『女ひとりで親を看取る』という本を書き、本業のかたわら、介護につい

平成元年の春には連ドラ『おしえてあげたい！』にカメラメーカーのOL役で主演。こうしたコーデが似合う人だった。

ての講演活動も行なっていたものの……。東日本大震災にショックを受け、店をたたんで、被災地支援をするようになる。が、翌年2月ごろから原因不明の動悸やめまいに苦しみ始め、3月7日、心不全で51年の生涯を閉じた。

「もしものことがあったら、家族だけで送ってほしい」——山口美江

父の死後、ひとり暮らしをしていた彼女は電話の近くで倒れており、誰かに助けを求めようとしたのかもしれない。翌日、訪ねてきた親戚によって発見されたとき、そばには2匹の愛犬がいたのみ。いわゆる「孤独死」だ。

もっとも、彼女はそういう運命もどこかで予感していたのか、周囲にこう話していた。

「もしものことがあったら、家族だけで送ってほしい」「『山口美江』は、亡くなった時点で終わりだから、基金や本の出版だけはしないで」

バイリンガルタレントとして象徴的に世に出た彼女は、その晩年においても平成の女性のひとつの典型を示したように思える。

さて、山口美江が新たなタイプのスターとしてもてはやされていたころ、国民的女優の座に君臨していたのが大原麗子だ。

平成元年に主演した『春日局』は大河ドラマ史上3位となる年間平均視聴率を記録。「すこし愛して、なが〜く愛して」のフレーズで昭和52年から続いていたサントリーウイスキーのCMも

健在だった。

しかし、平成5年に乳ガンで手術。その6年後には、20代後半に患ったギラン・バレー症候群が24年ぶりに再発してしまう。全身の運動神経に支障をきたすこの難病は女優にとって苛酷なもので、このころから生来の躁鬱傾向もより激しくなった。これにより、芸能界での人間関係もぎくしゃくしていったようだ。

当然、仕事も減り、表舞台からも消えていくことに。そんななか、平成21年8月3日に、62歳で帰らぬ人となった。ただし、発見されたのはその3日後。こちらも「孤独死」だったのである。

連絡がとれないことに不審を感じた弟が自宅に駆けつけたとき、彼女はベッドに倒れたままで、警察からは死体の腐食が始まっていると告げられた。世の男性をとりこにし、渡瀬恒彦や森進一

和服美人としても人気だった大原。あの『SMAP×SMAP』の初回ゲストでもある（平成8年）。ビストロ企画でキムタクにご褒美のキスをした。

と結婚離婚を繰り返した一代の美人女優としてはあまりにも淋しい最期といっていい。

さらに、お別れ会では姉のように慕われていたという浅丘ルリ子が異例ともいうべき弔辞を述べた。

「夜中の2時、3時におかまいなくかかってくる貴女からの電話。長々と他人さまや自分の不平不満を訴えるだけの一方的な電話。こんな事が何回も重なると貴女の声を聞いていることさえつらくて、もう麗子からの電話には出たくないと思ったものです」

という経緯から「距離を置いた時期」があったことを明かしたうえで、

「貴女の抱えていた病気と、独りでいる寂しさがどんどん貴女の心をかたくなにしていったのだと、今さらながらわかった気がします。（略）後ろからやさしく背中をさすってあげればよかったのに、本当にごめんね、麗子！」

遺された者がこうした感傷にさいなまれるのも、孤独死という事情が大きく関係しているのだろう。

「二度と来るな。出すな。告訴する」——大原麗子

その年の1月には女性週刊誌が書面で取材依頼をしたところ、封筒ごと返送されてきたというエピソードも。そこには殴り書きのような文字で「受取拒否」「二度と来るな。出すな。告訴する」という言葉まで記されていたという。晩年の彼女がいかに不安定な状態だったかがうかがえる。

葬儀のあと、遺骨はリビングに置かれ、美空ひばりにプレゼントされたディレクターズチェアや森光子から贈られた花に囲まれていた。この豪邸は平成25年に放送されたスペシャルドラマ『女優　麗子　炎のように』でも撮影に使われることとなる。

こちらは山口とは対照的に「私の人生をドラマ化したいの」と、自らの記録を残すことを望み、死の前年にも弟に構想つきで語っていた。原作は親しくしていた芸能リポーターの前田忠明。最期の5年間、ドラマにも映画にも出られなかった彼女にとって、せめてものはなむけだろう。

うれしかなしきご長寿時代

●成田きん（12年・107歳）●蟹江ぎん（13年・108歳）●柴田トヨ（25年・101歳）●日野原重明（25年・105歳）●安藤百福（19年・96歳）

平成は長生きの時代である。その終盤には「人生百年」という言葉まで出現した。たしかに「人生五十年」の時代には、70歳ですら「古希」なことであり、百歳など夢のまた夢だった。むろん、昭和以前にも百歳まで生きる人はいたが、泉重千代のように、120歳まで生きたとされながら、戸籍上の誤解で実際は105歳までしか生きなかった（それでもすごいことだけど）ことがほぼ判明し、ギネス記録を取り消されるという事態も起きている。百歳まで生きることは現実ばなれした、ある意味「神話」じみた話だったわけだ。
それが平成に入り、現実的で身近なことに変わる。その象徴というべき存在が、きんさんぎんさんだ。平成3年、名古屋市の職員が長寿者リストを作った際、生年月日が同じ女性がふたりいて、名前が成田「きん」と蟹江「ぎん」であることに注目。問い合わせをしたところから、そのフィーバーは始まった。

2日後の敬老の日、数えで百歳の双子姉妹としてNHKのニュースに紹介され、ダスキンのCMに「きんは百歳、ぎんは百歳」のキャッチコピーで登場。「きんさんぎんさん」は新語・流行語大賞に選ばれ、CDデビューも果たした。園遊会にも招かれている。

そのフィーバーのすごさについては、ふたりが亡くなって約10年後に、ぎんの娘たちが長寿四姉妹として脚光を浴びたことからもうかがえる。二世が人気者になれるほどのスターだったということだ。

「生え際から黒い髪が生えるようになったんです」――成田きんの四男

この年齢で突如、売れっ子になったことについては、その多忙ぶりを危惧する声もあがった。たとえば、ナンシー関は「きんさんぎんさんを『殺す』のはお前らだ」と題したコラムで「たかっている人たち」による働かせすぎに苦言を呈したが、それは杞憂だったのか、きんは107歳、ぎんは108歳まで生きた。しかも、きんにいたっては無名時代より若返ったという。

四男によれば、

「マスコミの取材を受けたり、いろんな人に会うと、生き甲斐が出てくるのでしょう。白寿（九十九歳）の誕生日には真っ白だった髪が、マスコミに取り上げられるようになってからは、生え際から黒い髪が生えるようになったんです」

ぎんに比べ、衰えていた運動能力も回復し、始まっていた認知症も改善。専門医はこう分析した。

「ボケを治すには生活改善しかない。きんさんの場合、マスコミに登場して、図らずも生活が一変してしまった。あれだけの人に会い、いろんな場所に出かければ、集中的に治療しているのと

人気便乗モノのクラシック名曲集。1曲目には、レハールのワルツ『金と銀』が置かれている。また、歌手としてはオリコンの最高齢チャートイン記録を保有。

同じ効果を生みます」

ぎんに対する双子ならではのライバル意識も、プラスに機能したようだ。すべての高齢者に当てはまるわけでもないのだろうが、老いと若さの問題はやはり複雑である。

かと思えば、90歳を超えてから詩の才能を開花させた人も。柴田トヨだ。81歳で夫に先立たれ、踊りを始めてみたものの、腰痛で断念。息子に詩作を勧められ、新聞に投稿するようになった。98歳で出版した処女詩集『くじけないで』がベストセラーに。翌年には2作目の『百歳』も話題になり、平成25年、101歳で亡くなった。

折りしもブレイク中に東日本大震災が起こり「お願いです／あなたの心だけは／流されないで」(『被災地のあなたに』)という励まし系の作品が注目された。が、個人的に惹かれるのはこんな作品だ。

「倅が小学生の時／お前の母ちゃん／きれいだなって／友達に言われたと／うれしそうに／言ったことがあった／それから丹念に／九十七の今も／おつくりをしている　誰かに／ほめられたくて」(『化粧』)

半世紀以上も前のときめきを大事に持ち続けられる、こういう人だからこそ、老いてなお、みずみずしい感性を表現することができたのだろう。

また、老いてなお、超人的な仕事ぶりで圧倒的な存在感を示した人もいる。たとえば、日野原重明だ。

昭和32年には、脳梗塞で倒れた石橋湛山首相の主治医を務め、45年にはよど号ハイジャック事件に乗客として遭遇。予防医療の人間ドックと終末医療のホスピスをともに普及させる尽力もした。なかでも、彼を伝説の人にしたのが、平成7年の地下鉄サリン事件である。

聖路加国際病院の目と鼻の先で起きた大惨事に対し、院長として陣頭指揮。ベッド数を大幅に超える患者を受け入れ、チャペルや廊下も使って点滴などの処置をした。それができたのは、ヨーロッパ視察で現地の有事対策を知り、病院の建て替え時にその設備を導入していたからだという。

当時すでに83歳だったが、翌年には理事長となり、18年間トップに君臨した。自らの健康についても頑健さを誇り、89歳のときの対談では「(睡眠時間は)五時間を超えることはないね」と豪語。こんな自慢もしていた。

「二階か三階ぐらいまでならエレベーターを使わないで、階段を一段おきに上がってる。だから、聖路加看護大学で三階の教室に行くとき、急いでパーっと上がると、間違って四階まで行っちゃうことがあるの(笑)」

ただ、こういう超人はえてして、周囲の凡人たちと軋轢を生じさせたりするもの。平成20年には『週刊文春』が「老害」をめぐる記事を掲載した。人事やコスト削減でのワンマンぶりが原因で、現場が混乱し、患者にも迷惑がかかっているという内容だ。その真相はさておき、さもありなんと思えるのは彼を知る人々のこうした声だった。

「かつての長嶋監督のように、優秀な研究者を呼んでくるのは上手なんですが、採用後は興味がなくなるようですね」「人の話を聞くのが嫌い。しかし、自分の話を聞かない人はもっと嫌い」「病院の会議ではすぐ寝てしまうんです」

こういうマイペースな性格は、長生きの秘訣でもあるのではないか。それでいて、社会的名声や地位を終生維持できたのだから、それなりのバランス感覚も持ち合わせていたのだろう。

「あの身勝手な会長」——安藤百福の長男

そこで思い出す超人がもうひとり。安藤百福だ。日清食品の創業者で、チキンラーメンやカップヌードルを開発、平成19年に96歳で死去した。平成30年度後期のNHK朝ドラ『まんぷく』は、彼を支えた妻がモデルになっている。

この朝ドラ枠は、超人的な人物を題材にすることがちょくちょくあり、平成9年度前期の『あぐり』もそうだった。ヒロインのモデルは、美容師の吉行あぐり。作家だった夫・吉行ケイスケを早くに亡くしたあと、女手ひとつでふたりの芥川賞作家（淳之介・理恵）と名女優（和子）を育てあげ、平成27年に107歳で没した女傑である。

その人生を把握すべく、93歳のときに登場した『週刊文春』の「家の履歴書」をひもといてみたが、読むだけでも疲れを覚えてしまうというか、これを実際に生きる人のバイタリティとはどんなものなのだろうかと感心させられた。

安藤の場合もまたしかりで『まんぷく』を見ていても、チキンラーメン開発までなかなかたどりつかない。戦時中、濡れ衣を着せられ、憲兵の拷問によって内臓疾患になってしまう実話なども挿入され、そうした苦難を乗り越えていくバイタリティはやはりさすがだ。ただ、夫婦愛を描くドラマゆえ、おそらく使われないであろう実話もある。亡くなった直後に、長男が『週刊文春』で明らかにした愛憎劇のことだ。

長男は安藤の最初の妻の子で、昭和56年に日清食品の社長に就任。しかし、経営方針をめぐって会長でもある父と対立し、二年で辞任に追い込まれた。これを機に安藤とは絶縁状態となり、会社は腹違いの次男が継ぐことになる。ただ、次男の母（この人が『まんぷく』のヒロインだ）と折り合いが悪かったわけではないらしい。長男いわく、

「子どもの頃は池田市（大阪府）で一緒に暮らし、よくしてもらいました。僕の辞任について『見苦しい辞め方をさせたら、一生たたる、後の代にも怨念が続く、と主人を説得するべきだった』と言うてくれたと人づてに聞いて、救われる思いがしました。何よりもあの身勝手な会長を支え、最後まで尽くしてくれたことには敬意を表します」

ここでも注目したいのは「あの身勝手な会長」という表現だ。あるいは、長生きする成功者の共通項なのかもしれない。

それにしても、富や名声に、長寿まで手に入れた人生はやはり幸福に見える。実際、安藤も日野原もそうだったろう。ただ、長生きとは何かということを考えるとき、いつも頭に浮かぶのは一休宗純の作とされるこの狂歌だ。

「正月は　冥土の旅の　一里塚　めでたくもあり　めでたくもなし」

その時代有数の高僧として、当時としては異例の87歳という年齢まで生きたことを思うと、こ

の歌はなかなか含蓄がある。

そういえば、きんさんぎんさんも百歳の誕生日に、こんな言葉をのこした。

「うれしいような、かなしいような」

どんなに長生きしたとしても、人生の本質とはそういうものなのだろう。

高齢化に逆行する短命の美学

●剣晃(10年・30歳) ●北天佑(18年・45歳) ●蔵間(7年・42歳) ●高見海(6年・28歳)

長寿化が進み、百歳老人すら珍しくなくなった平成という時代。だが、それと逆行するかのような業界がある。大相撲だ。

昭和の玉錦や玉の海のように、現役横綱の急死(ともに虫垂炎をこじらせたもの)こそないものの、北の湖、千代の富士、貴ノ花といった大横綱、名大関が60歳前後で亡くなっている。力士の平均寿命は一般男性に比べて20年くらい短いともいわれ、平成の相撲史は、早死にの歴史でもあるのだ。

平成2年には幕内の龍興山が朝稽古の直後、突然死した。死因は虚血性心不全。新入幕で勝ち越し、次の春場所で故郷・大阪に錦を飾るはずの22歳だった。

この学年は幕内力士を7人輩出したが、うち4人が40過ぎまでに亡くなっている。そのひとりが、大翔鳳。日大出身で、最高位は小結だ。のちに日大理事長となる田中英壽監督夫妻にその人柄を愛され、いずれは養子にという話もあった。

しかし、平成11年の春場所後、みぞおちの痛みなどから精密検査を受けると、膵臓ガンが見つかった。6月に引退して治療に専念したが、進行は早く、10月に行なわれた断髪式での姿にファンは息をのんだ。体重が50キロ減り、このガンならではの消耗しきった容貌はとても半年前まで土俵に上がっていた人とは思えないほど。これは助からないのでは、と多くの人が危惧したとおり、12月に32歳で亡くなった。

また、その前年には、龍興山と生まれ月や出身地まで同じ剣晃が30歳で世を去った。大翔鳳同様、見通しの暗い闘病生活の果てにである。

剣晃は高校を中退して入門。その野性的な相撲っぷりから「ヒール」と呼ばれ、若貴時代の名脇役として存在感を示した。平成7年夏場所には初めて小結を務めたが、高熱に見舞われて大きく負け越し。これが病苦の始まりとなる。それから丸二年、謎の発熱や貧血、体重減少に堪えながら幕内に踏みとどまったものの、平成9年6月、ついに入院した。

判明した病名は「汎血球減少症」という、国内では過去4人しか症例のない珍しいもの。面会できる人も限られ、親方はマスコミに「私の口からはハッキリ言えない」「血の病気だ」などと答えた。それゆえ、いろいろな噂が囁かれたが、母や兄によれば、本人はこんな様子だったという。

「エイズだのガンだのと言われ『オレは別に構わへんけど、おかんが聞いたらビックリするがな』と呆れ返っていましたよ。面会を拒否していたのも、入院中に一時、体重が百キロ近くまで減ったうえ、治療のためのステロイド剤の影響で髪が抜けるのがイヤで、髷を切り丸坊主にしてしまったからです」(『週刊文春』)

髷を切ったとはいえ、再起をあきらめたわけではなく、病室で腕立て伏せなどをしていた。年末年始には退院もでき、家族で温泉にも出かけたりしたが……。2月に風邪をひき、高熱を出したため、再入院となる。そのまま、春場所開催中の3月10日、帰らぬ人に。

じつは当時、相撲は毎場所ナマ観戦していて、そのときは大阪にいた。これも何かの縁かと思い、葬儀に出向いて香典を渡した。大翔鳳はふだんから健康に気をつかっていたが「健康」にちなんだ四股名を名乗る剣晃もまた、青汁を愛飲するなど、けっして不摂生タイプではなかった。それだけに、運命の皮肉を感じたものだ。

そんな剣晃は、大関・貴ノ浪の天敵としても鳴らした。その貴ノ浪も平成27年、急性心不全で亡くなっている。引退から2年後に心房細動や肺炎で死にかけたが、回復後は元気そうに見えたので、43歳での死には驚かされたものだ。

「若い頃は毎日こうだったんだから心配ない」

——元・北天佑

貴ノ浪に負けず劣らず、豪快な取り口で沸かせた大関が北天佑である。こちらは平成18年、45歳で世を去った。春場所中に入院して、3ヶ月後に死去。入院の時点で、末期の腎臓ガンとその転移による脳腫瘍に冒されていた。その前から血尿が出ていたが「(猛稽古に励んだ)若い頃は毎日こうだったんだから心配ない」と放置していたという。ちょっとしたケガや病気には慣れっこの相撲人ならではの手遅れといえる。

大関といえば、その地位を期待されながら応えられず、それが逆に「伝説」となったのが蔵間

平成8年初場所、敢闘賞に輝いた剣晃。貴乃花との決定戦を制して優勝した貴ノ浪に、唯一の土をつけていたことが決め手となった。

だ。天覧相撲の際、当時の春日野理事長（元・栃錦）が「あれは大関になります」と太鼓判を押し、昭和天皇にも期待されていた。しかし、イケメンぶりと明るいキャラで人気はあったが「善戦マン」というあだ名が象徴するように今ひとつ大成できず、関脇どまり。昭和天皇をがっかりさせ、理事長には叱られたりした。

ただ、引退翌年の平成2年、相撲協会を退職するとタレントに転向。若貴ブームのなか、ブレイクを果たす。その姿は力士時代以上に水を得た魚のようにも見えたが……。その裏には、悲壮な葛藤が秘められていた。

大川光太郎の連載「非業の死を遂げた名力士」（『週刊実話』）によれば、平成元年9月、蔵間は「慢性骨髄性白血病」の宣告を受け、引退。同情されたくないと、別の病名を発表し、闘病生活に入った。とはいえ、5割以下の成功率しかない骨髄移植は避け「最新の薬を注射しながら慢性状態を保ち、奇跡が起こるのを待つという」「最先端の化学療法」を選択することに。タレント転向も「これなら比較的、自由に治療の時間も取れる」という思惑からだったという。

その結果、お茶の間の人気者になったが、病気はしだいに悪化していく。その内情はもちろんわからなかったものの、最後にテレビで見た姿は覚えている。平成7年初場所の展望企画に登場したのだが、発熱のため、明らかにつらそうな状態だった。

そして、1月26日に42歳で死去。最期に妻へ「早く（2人の子どもたちの待つ自宅に）帰ってやって」と声をかけたという。翌年、妻は『永遠の千秋楽』という本を書き、渡辺徹と名取裕子の主演でドラマ化もされた。

そんな蔵間が開拓した仕事は、のちに舞の海が引き継いだ。こちらにも、死にまつわるエピソードがある。大学卒業後は教師になるつもりだったが、同郷の後輩の急死で各界入りを決意したという話だ。その後輩とは、1学年下の成田晴樹（享年20）。高校横綱に二度なり、それこそ、アマ史上最強といわれた久島海（この人も短命で、平成24年、虚血性心不全で死去。享年46）クラスの逸材だったが、昼寝をしていてそのまま亡くなってしまったという。葬儀の際「大相撲の世界に挑戦したかっただろうにな」と感じた舞の海は、

「本当にやりたいことに挑戦することこそが、生きる意味なのではないか」（『勝負脳の磨き方〜小よく大を制す〜』あとがきより）

という境地に達し、4ヶ月後、初土俵を踏んだ。

このように、関取はおろか、入門というスタート地点にも立てなかったなかにも、無念の死を遂げた者がいる。それくらい、アマも含めて、死との親和性が高い世界なのだろう。そういう世界をよく思わず、バカにする人も世の中にはいる。子供の頃、いい年をした大人の男が「相撲取りなんて、早死にするだけでくだらない」とこきおろすのを聞いたときは、不快に感じ、その価値観をくだらないと思ったものだ。

「本当にやりたいこと」は人それぞれで、たとえ成功しなくても、そして短命に終わっても、挑戦することがその人にとっての「生きる意味」なのに、と。

「母さん、大きい体に生んでくれてありがとう」

――元・高見海

それを確信させてくれるエピソードが『おかみさん待ったなし！』（渡辺加寿江）のなかにある。著者は先代・東関親方（元・高見山）の夫人。初の外国人横綱となった曙や弓取りで人気を博した高見若（平成8年に十二指腸潰瘍で死去。享年26。ただし、この本の時点ではまだ元気だった）といった有名力士も登場するが、何より印象的なのは高見海というほぼ無名で終わった力士の話だ。

いきなり序の口優勝を果たし、幕下まで上がったアンコ型の逸材で、おかみさんいわく、「お酒を豪快に飲み、ガンガン食べ、女の子とのデートも楽しみ、入門して一ヶ月過ぎるか過ぎないかで、先輩たちをさしおいて全員を仕切っていた」

という、角界の水にも合った好漢だった。しかし、稽古場で倒れ、心筋炎と診断されてしまう。医師からは「養生しても、いずれは……でも、養生すればあと何年間かは」と宣告され、やむなく廃業することに（当時は関取以外、引退というかたちはとれなかった）。

それでも、相撲への想いはやみがたく、せめて国技館の見える病院での治療を彼は望んだ。故郷の志摩半島（三重県）から半日がかりで通院し、ひとりでそれが無理になると、母親に付き添ってもらった。とはいえ、部屋には「ちょうど掃除の時間だから」「チャンコ番がいちばん忙しい時間だから」などと言って立ち寄らず、タクシーで部屋の前を走り抜けてもらうのが常だったという。

やがて、それも不可能になり、平成6年、28歳で死去。最期の言葉は、こういうものだった。

「母さん、大きい体に生んでくれてありがとう。大きい体に生んでくれたおかげで相撲取りになれて、おれ、とっても幸せだった」

ここには母を哀しませたくないとか、自分自身を慰めたいといった気持ちも含まれていただろう。しかし、力士になれて幸せだったという述懐に嘘は感じられない。結果として、太く短くになってしまったものの、彼は「本当にやりたいこと」に挑戦して、自らの「生きる意味」を完遂したのだ。

興行としては江戸期以来の伝統を持ち、平成のあいだも人気を保ち続けた大相撲。そこには有名無名の力士たちによる、時代を超えても変わらない独特な生き方への畏敬の念が働いているに違いない。

歌姫受難、その家族の複雑な事情

●安室奈美恵の母（11年・48歳）●後藤真希の母（22年・55歳）●藤圭子（25年・62歳）

平成30年9月に引退した安室奈美恵。SUPER MONKEY'Sの一員としてデビューしたのが平成4年のことなので、この時代を代表する歌姫のひとりといっていい。

その半生は歌姫にふさわしいドラマティックなものだが、なかでも最大の悲劇が平成11年3月に起きた事件だろう。沖縄在住の母・平良恵美子が車で数回轢かれたあげく、ナタのような凶器で殴られ、殺されたのだ（享年48）。犯人は、恵美子の再婚相手の弟。つまり、安室の叔父にあたる。

この2年前、安室は『CAN YOU CELEBRATE?』を大ヒットさせ、日本レコード大賞を2年連続で受賞。『紅白』のトリも務めた。SAMとの結婚もこの年で、翌年、長男を出産。事件の1年4ヶ月後には、九州・沖縄サミットの歓迎パーティーにおいて、小室哲哉がこのために作った『NEVER END』を歌唱する。栄光に輝く数年間のなかで、この事件だけが異様な闇をもたらしているのだ。

しかも、事件の真相は藪の中。現地警察は「交際相手の女性との交際を猛反対されたことを逆恨みして犯行に及んだ可能性が高い」としたが、別の見方を唱えるメディアも出現した。安室の母とこの義弟が恋愛関係にあったとか、金銭トラブルが生じていたというものだ。

とはいえ、犯人は安室の母を殺害後、農薬で服毒自殺してしまった。こうなっては、メディアができるのは「想像」だけだ。かわりに、安室の出自というものがクローズアップされることに。それはむしろ、世間にとっても興味深いことだっただろう。

安室はいわゆるクォーターで、母が「イタリア系の白人とのハーフ」。ただ、日本人だという父の素性はまったく明かされていない。これについて『噂の真相』は安室の母が昔「基地の米兵を相手に『女』を売る商売」をしていたとする証言を紹介している。もとより真偽は不明だが、こうした詮索は安室を疲弊させ「この時期、真剣に引退を考えていた」という。

（上）安室のファーストアルバム。ソロになる前の『愛してマスカット』なども収録されている。（下）平成11年の年末、日本中で歌われたモー娘。の『LOVEマシーン』。

ただ、彼女は引退をしなかった。そのかわり、ザ・芸能界的なものとは距離を置くようになっていく。サミットでの歌唱という「公」への接近があまり評価されなかったのもあってか、メディア露出を避け「私」としての活動を優先させるようになるのだ。コンサート主体、それもMCなしという方向性は、芸だけで勝負したいというアーティスティックな自我のあらわれでもあった。

また、離婚により、シングルマザーとして生きることを選択。さらにいえば、40歳でのリタイアも、業界的なしがらみにこだわらないからこそできることだ。母の非業の死が彼女に与えたのは哀しみだけではない。そんなことがあってもなお、天職に賭け、美学を貫き、引き際も自ら決めるという潔さ。そういうものもまた、この痛ましい経験から培ったはずだし、多くの支持を得たゆえんである。

芸能の神は基本的にサディストで、目をつけた者に試練を与え、そこから這い上がってきた者だけを愛するのだ。母の命日や息子の名が彫られているという刺青は、試練に立ち向かってきたことのしるしでもあるのだろう。

「最近、死にたくなっちゃってんだ」——後藤真希の母

安室の母が殺された半年後、ひとりのアイドルが彗星のように現れた。モーニング娘。に第3期メンバーとして加入したゴマキこと後藤真希だ。9月に発売された『LOVEマシーン』では

いきなりセンターを務め、CDはミリオンセラーを達成。いわば、モー娘。を国民的人気グループにする立役者となったわけだ。

その後も、同グループ、及びグループ内ユニットやソロで活躍していったが、平成22年1月、悲劇が襲う。母・時子が自宅3階の窓から転落して亡くなったのだ（享年55）。この家は8年前に当時17歳の彼女が建てた8LDKの「ゴマキ御殿」。成功のシンボルだったが、その華やかさはある事件により翳りを帯び始めていた。

平成19年、弟・祐樹が工事現場での強盗致傷事件で逮捕され、服役。彼の不祥事は、EE JUMPのユウキとして芸能活動をしていた時代にもあったが、これにより、彼女も活動自粛に追い込まれたりした。

母のショックは大きく、亡くなる直前には近くの飲食店主がこんな姿を目撃している。

「帰り際に時子さんがうつむいて『最近、死にたくなっちゃってんだ……』って。どうしたのよって声をかけると『祐樹はあっち（刑務所）だし（長女夫婦の）店も閉めちゃったし、いろいろとね』って」

しかも、転落したのは祐樹の部屋からだ。それゆえ、自殺説が浮上したが、親族はこんな証言を。

「真希の姉たちは、時子さんが自殺したとは思ってません。酔いを醒ますために窓際に座って、落ちてしまったんじゃないかと話しているんです。でも、なぜ時子さんは、普段は掃除もしない祐樹の部屋に行ったのか、それだけは不思議なんです」

なお、ゴマキの父もまた、平成8年に山岳事故で亡くなっている。趣味のロッククライミングをしていて、転落したことによる死だ。彼女はまだ7歳だった。

そんな彼女も結婚し、1児の母に。平成30年9月に放送された『誰だって波瀾爆笑』では、子供時代の写真を見せながら家族の思い出も語った。負の部分には一切触れなかったため、父も母もまるで生きているような気がしたものだが……。それなりに立ち直ってはいるようだ。

「この子は私なんかすぐに追い越しちゃうくらいの才能があるんです」
――藤圭子

さて『LOVEマシーン』とともに、平成11年を代表するヒット曲となったのが『Automatic』である。歌ったのは、宇多田ヒカル。前年12月に発表されたこのデビュー曲はミリオンセラーとなり、その勢いで3月リリースのデビューアルバムは、765万枚という空前絶後の売り上げを記録した。こちらも安室と並ぶ、平成の歌姫といっていい。

ただ、彼女が他と違うのは、母・藤圭子もまた、昭和の歌姫だったことだ。デビュー2年目にはオリコン10週連続1位を達成するなど、登場時のインパクトは娘にもひけをとらない。五木寛之によって「怨歌」と呼ばれた独特の歌いっぷりは、全共闘世代の若者も熱狂させた。宇多田の大ブレイクには、そんな世代の郷愁的な支持も加わっていたのだ。

しかし、藤は平成25年8月22日、知人男性が住む都内のマンション13階から飛び降り、62歳で自殺。葬儀は行なわれず、荼毘に付されるのを見送ったのは前夫・宇多田照實と娘のヒカルだけだった。昭和の歌姫にしては淋しい最期だが、それでも大きなニュースになったのは彼女が平成の歌姫の母だったからだ。

そして、ヒカルを世に出したのも彼女だった。米国で結婚した二度目の夫・宇多田照實とヒカルとで親子ユニットを作り、帰国するたび、旧知の業界関係者に、

「この子は私なんかすぐに追い越しちゃうくらいの才能があるんです」

と、デモテープを配って宣伝。平成8年には「藤圭子 with cubic U」としてデビューも果たす。その3年後にヒカルがソロデビューして、大ブームを起こすわけだ。その翌年には

(上)藤が最初の夫・前川清と一緒に写っている貴重な1枚。(下)ドラマ『花のち晴れ』で使われた『初恋』などを収録した宇多田の最新アルバム。

札幌のライヴで『圭子の夢は夜ひらく』を親子デュエットしたり。この頃がおそらく、歌姫の母としての絶頂期だっただろう。

やがて、夫婦仲がこじれ、平成19年に離婚。この夫婦は、ヒカルがトーク番組で、

「このふたり、6回も結婚と離婚を繰り返しているんです。わけわかんない」

と苦笑するような関係だったが、その後はもう復縁することはなかった。

また、藤もデビュー前、両親とともに「流し」の仕事をしていて、そこからブレイク。しかし、両親はその後、離婚している。その際、父とは絶縁。やがて、ステージママだった母と夫（宇多田照實）が藤の音楽的方向をめぐって対立すると、母とも疎遠になり、母は平成20年に亡くなった。

そんななか、藤がのめりこんだのがもともと好きだったギャンブルだ。平成18年には米国の空港で、42万ドルという大金を一時没収されるという騒動も起きた。ヒカルと疎遠になっても、億単位の役員報酬が振り込まれ続けていて、それを使ってのカジノ三昧だったわけだ。

この時期、藤は「週3回吐いてます」と、原因不明の体調不良も告白していた。

そんな母を娘はどう思っていたのか。インタビューでは、こんな発言をしている。

「凄い距離が遠くて絶対に触れ合えない、みたいな人。直接関わったっていう気分はまったくしない」

これも本音なのだろうが……。あえて距離を感じようとしていたのでは、とも考えられる。ブレイクまでの経緯はもとより、若くして結婚離婚を経験したことなど、ふたりには似たもの親子

的なところもあるからだ。そのぶん、母ほどは波瀾の多い生涯を送りたくないという意識が働いてもおかしくはない。

平成22年、アーティスト活動を休止して「人間活動」を始めると宣言したのも、母のような人生に近づかないための自己防衛のひとつだったのかもしれない。とはいえ、20代後半での一時的リタイアは藤もやっている。「自由になりたい。とりあえずハワイの知人宅で、本を読みたい」というのが、その理由だった。歌姫としてはすでに「追い越し」た感もあるが、ヒカルは今後も母を意識しながら生きていくのだろう。

ユニットでデビューした直後、藤は『徹子の部屋』に出演。13歳のヒカルの歌声を流しながら、臆面もなく自慢していた。その微笑ましい親バカぶりは「怨歌」の印象から、遠くかけ離れていたものだ。

生まれ変わった名優たち

●児玉清(23年・77歳) ●地井武男(24年・70歳) ●阿藤快(27年・69歳)

平成を象徴する男性スターをひとり選ぶなら、キムタクこと木村拓哉だろうか。その代表作

『HERO』に出演したことで、人生の終盤が大きく変わった男がいる。児玉清だ。

東宝専属の俳優としてデビューし、昭和の怪物ドラマ『ありがとう』で人気を得た。が、細かいカット割りなどの撮影方法の変化をよしとせず、しだいに芝居の仕事をセーブしていく。それゆえ『HERO』のオファーが来た平成12年には『パネルクイズアタック25』での司会ぶりのほうが有名になっていた。

また、海外の小説を原書で読むほどの本好きで、読書家でもあり『週刊ブックレビュー』の司会もしていた。芝居をやらなくても、困らない立場だったのだ。

そこで『HERO』についても断ろうとしたのだが……。当時マネージャーをしていた娘から、こう言われたという。

「そんなに断ってどうするの。とにかく、世間も泣く子も黙るキムタクさんが出るんだから、目の前を歩くだけでもいいから出なさい！」

これにより、出演を決意。作品は大ヒットし、シリーズ化され、映画にもなった。平成27年のドラマ第2シリーズでは、児玉が故人だったにもかかわらず、役の名や写真が使われ、エンドロールに「Special Thanks 児玉清」というテロップが流れることに。木村もスタッフも恩義を感じていたわけだ。

一方、児玉も積極的に芝居の仕事を受けるようになり、平成22年の大河ドラマ『龍馬伝』では主人公の父を演じた。これを遺作に、翌23年5月、77年の生涯を閉じるのである。

俳優人生の転機となった、娘とのエピソードは平成14年12月に児玉自らラジオで明かしたもの。

しかし、それは沈痛な告白だった。平成11年12月に食道から胃のガンを患った娘は、手術したものの再発。『HERO』に出るよう父を説得したのは、その数ヶ月後のことだ。ドラマが大ヒットして俳優・児玉清が復活を遂げると、彼女は「そーら、見なさい」と満足の笑顔を見せたが、それから1年余りのち、36歳で帰らぬ人となった。

そのため、娘は父の再ブレイク後の芝居もほとんど見られず、博多華丸のものまねでバラエティ的に面白がられるようになる姿も知ることはなかった。それでも、名優を再生するという、マネージャーとしての大仕事を果たしたといえる。

児玉が亡くなる2ヶ月前、東日本大震災が発生した。すでに胃ガンが進行していたが、彼は気力と体力を振り絞り『文藝春秋』にこんな文章を書いている。

「総理大臣も『決死で頑張る』とか精神論を披瀝するだけ、まるで昔の旧軍人総理となんら変らない幼稚さだ。そんなことは当たり前のことで（略）今、そこにあるこの国家的な危機を乗り越えるために何をするか、また出来るかが急務なのだ」

こうした言論も、世に広く認知される人だからこそ訴求力を持つ。娘に背中を押され、俳優としての現役感を取り戻せた児玉の晩年は幸せだっただろう。

幸せな晩年といえば、それをテレビの画面越しに視聴者と共有できたのが地井武男だ。平成18年、63歳のときに始めた『ちい散歩』は平日昼前の地味な時間帯ながら関東地区を中心に人気を集めた。彼が体調を崩し、番組が終了したあとも、加山雄三の『ゆうゆう散歩』高田純次の『じゅん散歩』が生まれ、散歩シリーズが引き継がれている。

「体調が悪くて散歩をしたくてもできないような方でも」——地井武男

同時期に、徳光和夫や蛭子能収がバス旅をしたり、火野正平が自転車旅をしたりするようになったが、こうした熟年タレントによる旅番組ブームを牽引したのが地井だったのだ。

彼は俳優座の出身で、長年、刑事役も犯人役もこなせるバイプレイヤーとして活躍。そのかたわら、ウォーキングが趣味で自然に対する造詣も培ってきたことから、この番組が企画された。さらに、画才にも恵まれ、毎回描く絵手紙は好評を博した。それが書籍化されたり、番組で使う「ちいちいバッグ」や「ちいちいリュック」もヒット商品に。「これまでの芸能生活で今が一番稼いでる」と、周囲に漏らすほどだったという。

しかし、この番組の成功はやはり彼の人柄によるものだろう。インタビューではこんな理想を語っていた。

「僕がイメージしているのは、例えば入院していてベッドから出られない方とか、体調が悪くて散歩をしたくてもできないような方でも、自分がずっと過ごしてきた何気ない場所にいつかもう一度行ってみたい、と思うような演出ができないかなと」

地井自身は病弱ではなかったものの、平成13年に最初の妻をガンで亡くしている。その直後『北の国から2002遺言』で似た設定を演じることとなり、その迫真ぶりは名シーンにつながった。

こうした経験などによって育まれた共感力の高さが、視聴者にも伝わったからこそ、散歩の魅力も共有できたのではないか。

だからこそ、彼が心臓病で療養生活に入ってからも番組は再放送で埋めるなどして、復帰を待とうとした。結局、終了の翌6月に心不全で死去。70歳での惜しまれる死である。

そしてもうひとり、若くして旅番組の常連となったのが、阿藤快。俳優座では地井の後輩にあたり、悪役俳優として世に出た。しかし、悪役俳優にありがちな「本当はいい人」的キャラクターが『ぶらり途中下車』などで開花する。口癖の「なんだかなぁ」はコージー冨田のものまねでもお馴染みだった。

あまりにも旅の仕事が多いことから、

「朝、ホテルで目が覚めても自分がどこにいるかわからなくて、手帳を見て確かめたりする」

と、トーク番組で苦笑していたことも。ただ「俺、家へのこだわりが全然ないんですよ」という性分ゆえ、苦にはならなかったようだ。

「よく芸能人が何億の家建てましたって聞くと、偉いなぁって思うだけで。基本的に『旅人』みたいな気持ちなんですよね」

もちろん、俳優としても活動を続け、死の前月には『下町ロケット』の第1話にゲスト出演。大学時代に目指していたという弁護士の役だった。

平成27年11月14日、大動脈破裂胸腔内出血により自宅マンションで急死。奇しくも69歳の誕生日だったが、ひとり暮らしだったため、翌日に事務所関係者が発見した。いわゆる孤独死だ。

とはいえ、不思議と淋しさを感じないのは、旅先でどんな相手とも人懐っこく打ち解けていた姿が目に焼きついているからだろうか。

ブームとカリスマ 女性編

●中尊寺ゆつこ（17年・42歳） ●中島梓（21年・56歳） ●杉浦日向子（17年・46歳） ●鈴木その子（12年・68歳）

ブームとカリスマ。それは、ニワトリとタマゴみたいなものだ。ブームがカリスマを生むのか、カリスマがブームを生むのか。いずれにせよ、そこには時代の反映がある。そして、平成は女性がカリスマになり、ブームが生まれる傾向が目立った。

たとえば、漫画家の中尊寺ゆつこ。平成元年から『ＳＰＡ！』で『スイートスポット』を連載して、若いＯＬのオヤジ化現象を描いた。彼女の命名による「オヤジギャル」は翌年、新語・流行語大賞の新語部門で銅賞に選ばれている。このとき、流行語部門の銀賞になったのが「バブル経済」だ。

その後、ニューヨーク生活やアフリカ旅行を経て、国際問題や社会問題への関心を深め『ソトコト』のような雑誌にも進出。平成16年には、米国の大学や日本領事館に招かれ、漫画文化についての講演を行なった。カーター元大統領とも会って、識字率の低い地域での漫画の有効性について意見をかわすなどした。

私生活では36歳で結婚して、2児の母に。「命がけで自分の居場所を探してきた」「漫画をいくら生産しても女として生産をしていない」と語っていた彼女にとっても、納得のいく到達点だっただろう。

しかし、カーターと会った3ヶ月後、彼女は突如、激しい腹痛で病院に運びこまれ、末期のS状結腸ガンを宣告された。「ガン細胞が育って詰まり、いきなり破裂した」とのことで、専門医の見立ては「2、3年前からガンがあり、症状もあったのでは」というもの。ただ、20代後半からの体調不良を自然食などですっかり改善させていた彼女は「なんで私が……」と友人にショックをあらわにしたという。

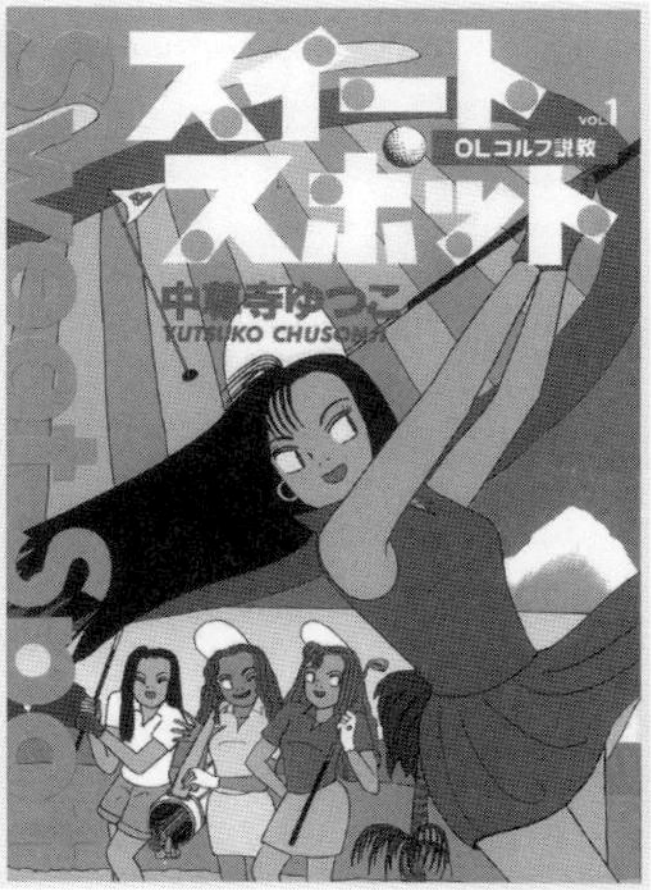

パラパラと頁をめくると、当時の有名「オヤジ」をパロディにしたキャラが出てくる。たとえば、竹村健一や落合信彦。

入退院を繰り返し、三度の手術を行なったものの、翌年、4歳と1歳の子を残して旅立った。ガン宣告から5ヶ月、42歳での死だ。

そのあと、遺産をめぐって夫と彼女の実母が対立し、裁判沙汰にもなった。平成女性の元気を明るくアピールした人にはそぐわない顛末ともいえる。

「男性同士の関係を通してしか恋愛を咀嚼できない人もいて、多分、中島さんもそうでした」
——竹宮惠子

その4年後には「BLの教祖」と呼ばれた作家が膵臓ガンで亡くなった。エイズと拒食の項でも触れた、中島梓と栗本薫のふたつの名で活躍したマルチな才女だ。

その作風は、純文学からミステリー、社会評論まで幅広いが、その原点とも呼ばれている小説が『真夜中の天使』。デビュー前に書かれていた「実質的な処女作」(『週刊文春』より)である。

続編の前書きに、

「(前作を)理解して下さった方々にだけしか、決して読んでほしくはないし、多く売れることも、ベスト・セラーになること、批評にとりあげられることも少しも望まない」

と宣言したほど、当時としては過激で濃密な少年愛(ボーイズラブ)嗜好が盛り込まれていた。

少女マンガの世界でBLの元祖となった竹宮惠子も、こう語っている。

「女性の中には男性同士の関係を通してしか恋愛を咀嚼できない人もいて、多分、中島さんもそうでした。（略）たとえ無人島に流れ着いても、彼女は書いたでしょう」

そこまでして、自分の世界観を貫いたからこそ、彼女は教祖となることができたのだ。56歳で亡くなったときすでに、BLは人気だったが、そこから10年、さらに需要は増している。

なお、彼女は江戸ブームを牽引した杉浦日向子とも交流があった。漫画家として『百日紅』などの江戸モノを描いた杉浦は、平成7年からNHKの『コメディお江戸でござる』にレギュラー出演。そのわかりやすい解説とふわっとした人柄でお茶の間を江戸時代にいざなった。荒俣宏の最初の妻、としても知られている。

ただ、個人的にはそば好きのバイブルともなった『ソバ屋で憩う』シリーズが懐かしい。そばと酒をめぐる文章にはいつも共感させられた。それだけに、平成17年、下咽頭ガンのため46歳で亡くなったときは、こよなく愛したそば屋での「昼酒」が祟ったのだろうかと淋しい気持ちになったものだが……。

それ以前から健康を害していたことが、死後明らかになった。平成5年に漫画家をやめ、江戸風俗研究家としての活動を優先するようになったのは「血液の免疫系の難病」に罹患したからだという。その6年後、

「今日できることは、明日でもできる。どうせ死ぬまで生きる身だ。（略）ふだんのなかに、もっと憩いを」

と書き、亡くなる半年前には南太平洋でのクルーズも愉しんでいる。病と闘いながらも、生きることを満喫しようとした晩年だった。

この3人の生き方は、女性の自由度が増した時代ならではともいえる。が、逆に女性を縛るようになったものもある。美しくなければ、そのためには痩せなければというプレッシャーだ。そこからさまざまなダイエットが考案され、カリスマも出現した。平成6年に『世にも美しいダイエット』を出版したライターの宮本美智子もそのひとりだ。

そのダイエット法は「ごはん抜き、塩分と油を大量に摂取する」(『週刊朝日』より)というもの。専門家からは「とんでもない」「そんな危険なことは絶対に避けてください」という意見も出たが、彼女はこれで8キロ痩せ「いままでの人生でいちばんいい体調になったわ」との話だった。それが『FRaU』の連載で火がつき、彼女はときの人になるわけだ。

しかし、平成8年5月、講演中に倒れ、意識不明に陥ってしまう。診断は高血圧による脳内出血。その後、8日間にわたって生死の境をさまよい、一命はとりとめたものの、翌年、多臓器不全のため51歳で亡くなった。

とはいえ、イラストレーターで本のイラストも手がけた夫の永沢まことは、妻の病気とダイエット法との関係を否定。「彼女は働きすぎで倒れた」として、

「『世にも美しいダイエット』の食事法が、私と宮本の体質を改善しこそすれ、悪化させることはありえないと考えています」

と、反論していた。

「私はね、こうするだけでその人が健康かどうかわかるの」
――鈴木その子

そして、ダイエットの教祖といえば、なんといっても鈴木その子だ。昭和55年に『やせたい人は食べなさい』を書き、白米を食べて痩せるという当時としては異端のダイエット法を提唱。彼女のレストラン「トキノ（現在のＳＯＮＯＫＯ）」も注目され、料理研究家としても実業家としても成功していく。平成4年には『奇跡のダイエット』でダイエットに興味を持つにいたった動機を告白。彼女は息子を拒食症が原因の事故で喪っていた。

彼女の人生は少女マンガにもなった。亡くなる半年前に単行本化された『鈴木その子物語』である。

この告白の直後、健康雑誌の『FYTTE』で彼女にインタビューしている。銀座のトキノ本店で行なわれるはずだったが、彼女の意向で自宅に招かれた。そのときの印象を3年後に書いたのが、次の文章だ。

「彼女の家は、東京の閑静な住宅地にある。日本庭園を配したそのたたずまいは豪邸と呼んでよく、室内は華麗なロココ調に装飾されていた。息子の遺影を背景に、彼女は熱く語り始める。その姿にはオーラが漂い、周囲には彼女によって救われた数名の女性達が、巫女のようにかしずいている」

宗教家みたいに描写しているが、実際、そういう印象だった。インタビューの冒頭、彼女は僕の手を握り、

「私はね、こうするだけでその人が健康かどうかわかるの。あなたは健康ね」

などと自信たっぷりに診断してみせたのだ。

こういうカリスマの面白さに目をつけ、テレビに引っ張りだしたのが浅草キッドだ。平成10年、彼女は深夜番組『未来ナース』に呼ばれ「その子の花園」というコーナーを持った。ガングロのコギャルを相手に「白肌はお得よ」と啓蒙して「美白の女王」としてもブレイク。同時に「白塗りオバケ」とも揶揄されたが、自ら広告塔となる効果は絶大だった。

会社の年商は百億に近づき、本社ビルを5億かけてリフォーム。トキノの会員が集まる場を作るため、白木屋乗っ取りやホテルニュージャパン火災などで知られる昭和の実業家・横井英樹（平成10年死去）の旧邸宅と土地を14億円で購入したりした。

「お安かったですね。だって、ちょっと前だったら100億以上したんですよ」

と、豪語。まさに絶頂のときを迎えたのだ。

しかし、そうなれば批判も高まることに。痩せたい人の弱味につけこみ、高価な食品を売りつけているという記事も出た。実際、化粧品やアパレルにまで進出し始め、これでは息子の死をきっかけに健康的なダイエットを広めたいと思った志からは逸脱している気もしたのだが……。

彼女は実業家の娘でもあった。事業がうまくいけばいくほど、そちらの血も騒ぐようになり、のめりこんでいったのではなかろうか。前出の横井は父のライバルでもあったようで、その不動産を買うことにはリベンジの意味も含まれていたのかもしれない。

ただ、鈴木式ダイエットにより、肥満や摂食障害に悩む人を救いたいという想いも本気だったから、彼女の生活は多忙を極めた。その結果、平成11年には腸閉塞を患い、その翌年、風邪をこじらせての肺炎で68年の人生に幕をおろす。『笑っていいとも！』のレギュラーでもあったから、この急死は世間を驚かせた。

彼女の死後も会社は存続しているが、広告塔でもあったカリスマを失ったことで、事業の縮小を余儀なくされている。建物の工事にとりかかっていた横井邸跡地も手放すことに。6年後には『ダイエットの女王　鈴木その子』という単発ドラマが作られたりしたものの、そのあたりから忘れられていった感がある。

上り調子のときを目の当たりにしただけに、人命と同じくらい、ブームというのも儚いものだとしみじみせずにいられない。

ブームとカリスマ 男性編

●スティーブ・ジョブズ（23年・56歳）●米澤嘉博（18年・53歳）●青木雄二（15年・58歳）●金子哲雄（24年・41歳）

一方、男性に目を向けてみると——。ブームというより、文明を生み出した世界的カリスマがスティーブ・ジョブズだ。

コンピュータ開発で若くして億万長者となり、その後もCGアニメの制作に関わるなど、超一流の実業家として世界経済に君臨した。

しかし、その人生には紆余曲折が。その最大で最後のものが40代後半からの闘病だ。膵臓ガンに罹患し、当初は手術を拒否。民間療法に頼ったが、進行を止められず、9ヵ月後に手術を受けた。復帰後、大学の卒業式に招かれたときには「ハングリーであれ、バカであれ（Stay hungry, stay foolish）」と、学生たちを鼓舞していたが……。

以来、その体調が国際的関心事となっていく。激痩せが指摘されたり、有名な投資家から「経営者の健康状態に関して情報を開示すべき」と批判されたり、ついには「死去」の誤報が流れたりもした。そのつど「ウイルス性の胃炎」やら「ホルモンバランスの異常でタンパク質が摂取できない」といった説明がされたものの、じつはガンが肝臓にも転移していた。移植手術を行ない、回復を目指したものの、2年後の平成23年、56歳でついに息絶えるのである。

ジョブズほどではないかもしれないが、日本にもブームを超えた文化を作ったカリスマがいる。マンガ評論家の米澤嘉博だ。同人誌イベントのコミックマーケット、すなわち「コミケ」を立ち上げ、運営したことでおたくカルチャーに多大な貢献をした。

が、平成18年2月、会社の健康診断で肺に影が見つかってしまう。病院嫌いゆえ、再検査を渋ったものの、5月に肺ガンであることが判明。それでも彼は、病気のことは極力隠し、治療を受けながらもそれまで通りの生活にこだわった。大好きなタバコに酒、旅行、そしてもちろん、コミケだ。

とはいえ、病状は進み、9月にはこんな異変が起きた。ライトノベル作家の松智洋によれば、「米やんは、スタッフが1,000人を越えるまではすべてのスタッフの顔と名前が一致してい

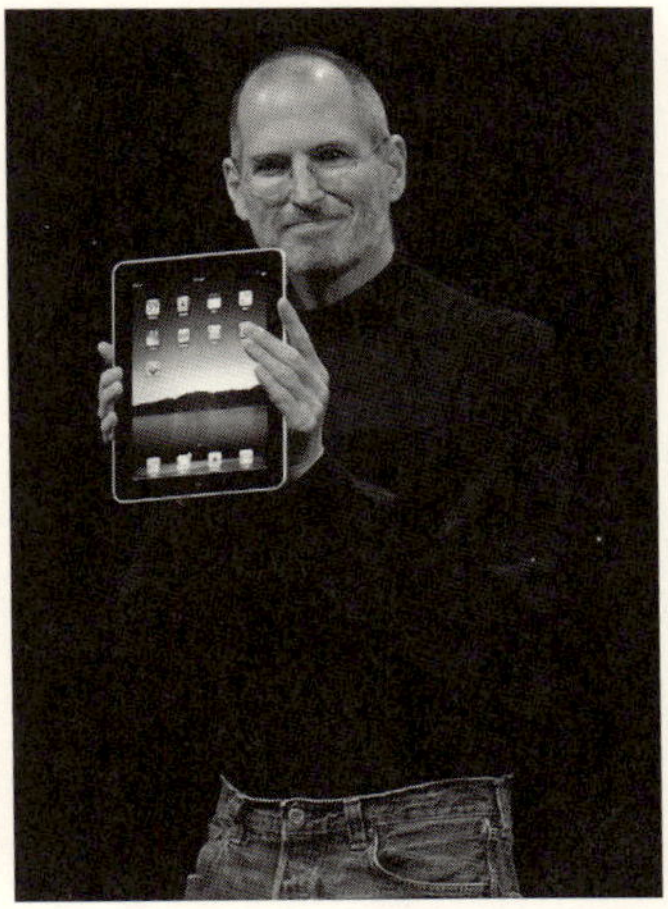

ファッションにもこだわりを貫いたジョブズ。タートルネックにジーンズ、スニーカーが定番だった。

た程の記憶力の持ち主だった。みんな名前を覚えてもらい、会話をしたことがあるから、スタッフ一人一人が自分と米やんの物語を持っている。それが彼のカリスマの一部だった」

というのだが、腹心というべきスタッフの顔が判別できなくなったのだ。このあたりから米澤亡きあとのコミケをどうするかが緊急課題となり、後継体制を決定。そのときのことを松はこう書いている。

「『悔しいな。ここで終わるのか』米やんは泣いていた。声を殺して、涙を流した。わずか数十サークルが集まり同人誌を頒布していた小さな『場』を、一開催当たり55万人以上が集まる『場』に変えた男の、それが惜別の辞だった」

10月1日、53歳で死去。ただ、その10年後、松も世を去った。肝臓ガンによる、43歳での死だ。

「唯物論者ゆえ、僕は死ぬことなど怖くはありません」——青木雄二

マンガ関係では、青木雄二の登場と退場も印象に残る。平成2年から青年誌で連載した『ナニワ金融道』は累計1千万部を超すベストセラーになり、8年後には手塚治虫賞にも輝いた。借金の取り立てなど、金融界のえげつない裏事情を描き、本人も「そのスジの人」ではと噂されたほどだ。

実際にはネタ元になった人物もいたようで「四分六」もの割合で「原作料」を支払ったりしていたという。また、この人物には億単位で金を貸したものの、返してもらえず「私は彼に騙され

たんです」とも語っている。それでもあきらめるにいたったのは、作品のヒットで経済的に余裕があったことに加え、こんな人生観も影響していたのだろう。

「つまり、現代は、ゼニの世の中だということや。僕たち現代人は、自分たちの知らないあいだに、ゼニを基盤とする巨大で不可解なシステムに縛りつけられてしまっている」「ゼニが支配する世の中は、競争の世の中である。他人を蹴落とすことによってしか、人間は幸福になれない」（ともに『ゼニの人間学』より）

彼はかねてよりマルクスの『資本論』とドストエフスキーの『罪と罰』を愛読。そこから学んだ人生観を作品に反映させていた。45歳での本格デビューまで、職も転々とし「ゼニの世の中」の面白さもむなしさも知り尽くしていたからか、絶頂期に意外な決断をする。平成9年『ナニワ金融道』を完結させ、漫画家を卒業すると宣言したのだ。

「仕事はあと二冊出る単行本の装丁ぐらいです。それに講演がチョコチョコとね。残りは全部自分の時間やから、旅して遊んで酒池肉林ですわ、ハハッ。こう口に出して言うとるやつは、案外しませんのやけどな」（『週刊朝日』）

実際、卒業後も講演などで忙しく、酒池肉林の日々とはいかなかった。55歳のときには、49歳で結婚した20歳下の女性とのあいだに長男も誕生。ただ、長年の酒タバコ好きがたたってか、肺ガンを患い、58歳で帰らぬ人となる。

最後の著書には「唯物論者ゆえ、僕は死ぬことなど怖くはありません」としたうえで、「僕は天国も地獄も関係ない立場にいるが、キミらは何かせなんだら、それこそ生き地獄になるんやで」

と、若い世代の日本人へのメッセージを書き残した。

金融といえば、流通ジャーナリストとして『「値切り」のマジック』などを著し『ホンマでっか!?TV』などにも出演した金子哲雄の死も特筆すべきものだ。姉ふたりや弟が幼くして亡くなった早世家系だったが、彼自身も40歳のとき、ガンの一種である肺カルチノイドを発症する。

それでも、激痩せについてはダイエットによるものだと説明し、精力的に仕事を続けた。平成24年に亡くなる前日まで雑誌取材をこなし、死後には『僕の死に方 エンディングダイアリー500日』が出版された。その葬儀は彼自身がほとんどの準備を行ない、参列者には彼が亡くなる前日に書いたこんな手紙が配られたのである。

「今回、41歳で人生における早期リタイア制度を利用させていただいたことに対し、感謝申し上げると同時に、現在、お仕事などにて、お世話になっている関係者のみなさまに、ご迷惑おかけしましたこと、心よりおわび申し上げます。（略）先日、ご縁がありまして東京タワーの足元、心光院さまが次の拠点となりました。『何か、面白いネタがないかな?』と思われましたら、チャンネルや周波数を東京タワー方面に合わせ、金子の姿を思い出していただけましたら幸いです」

参列者への気遣いに自らの埋葬地などの情報も入れ、ユーモアもまじえながらの行き届いたあいさつ。心憎いばかりの「遺書」だ。こうした去り際は、当時関心を集めつつあった「終活」の見本としても称讃された。

値切りの達人は、生き方の達人でもあったようだ。

毒舌の代償

●ナンシー関（14年・39歳）

サッカーの日韓W杯でファンが盛り上がっていた平成14年6月、ひとりの鬼才が急死した。コラムニストで、消しゴム版画家のナンシー関だ。

彼女は11日の夜、友人と食事してタクシーで帰宅中、意識を失った。病院に搬送されたものの、翌日零時すぎに死去。享年は39で、死因は虚血性心不全だ。

訃報を知ったのは、12日の夜。講談社の男性編集者とフリーの女性ライターとの3人で、蒲田の飲み屋街にいた。女性ライターがネットのざわつきに気づき、やがて事実が判明。このふたりとは雑誌『VOCE』で「毒舌」についての特集を作ったりしており、ナンシーの仕事ぶりは共通の大きな関心事だった。

また、自分はかつてナンシーが手がけた『噂の真相』のテレビコラムを引き継いでおり、意識せざるをえない存在でもあった。それゆえ、そのコラムの次の回ではこんなことを書いている。

「応援、ミーハー、駄洒落。それがW杯報道の三種の神器だった。特に三つ目についてはそのセンスに脱力。勝ち点をトルシエ、ジダンが地団駄、ベッ髪、こマリーニョ——。『駄洒落の「駄」の意味を考え直せ』（ナンシー関）という至言を故人に代わって投げつけたいほどだ。で、W杯フィーバーの陰画の如きその訃報だが『異物』としての処理のされ方はW杯よりはるかにスリリング。福岡翼など『ホッとしてる人もいるかもしれません』なんて業界的本音を口走っちゃうし……」

そう、彼女の死を扱うメディアの空気はあからさまに違和感を漂わせていた。それは彼女が遺作となった『週刊文春』の連載で、浮薄なW杯フィーバーに嫌悪を示していたように、流行に弱く、無節操な風潮をよしとせず、それを扇動する有名人に批判的だったからだろう。

たとえば、コラムに4回も取り上げられたという前田忠明が「参りましたよ。よほど嫌われていたんですかねえ」と言えば、小倉智昭は「私も一方的に書かれて」と恨み節。これに比べたら、笠井信輔の思い出話は可愛いほうだ。彼は「キャスターに安定感なし」と書かれて落ち込み、佐々木恭子に「ナンシーさんに書かれたら一人前よ」と慰められたという。

また、軽部真一は「個人的にはいろいろ思うところもありますが」と口にして、大塚範一に「当たってるから、何も言えない」と混ぜっ返され、明らかに不愉快そうだった。ちなみに軽部は「目に愛嬌のカケラもない」として「一生ブレイクしない」と断定されていた。これはさすがに、気の毒に思ったものだ。なお、大塚はナンシーのファンでもあったようで「もっともっと鋭い文明評論家になっていきそうだったのに」と早死にを惜しんでいる。

実際、彼女はまぎれもなく、平成を代表する評論家のひとりだった。『週刊朝日』の追悼記事では、大月隆寛がその死を「思想的な事件」だとして、
「80年代の価値相対主義思想の最も良質な部分が死んだ」

とまで言っている。「サブカル」という言葉に象徴される、旧権威への盲信を避け、なんでもありの精神で面白がる姿勢を貫いたのが、ナンシーだった。

「私も昨日や今日急に太ったワケでもないし」――ナンシー関

また、それを可能にしたのは彼女の「眼力」だった、と山藤章二は指摘する。

「同じようにテレビを見ていてわれわれは見過ごしたり、鼻先でせせら笑ってすませたりするようなところを、彼女は見逃さない。独特の皮膚感覚と美学に引っかかったところを、説得力のある論理できちっと固めていく。（略）いい加減な文章なんて全くなかった」

平成26年には『ナンシー関のいた17年』というドラマも放送された。演じたのはメイプル超合金の安藤なつ。

しかし、彼女はそのために自らの「健康」を犠牲にしたのかもしれない。複数のビデオデッキをフル稼働させ、消しゴム版画を彫りながら、ひたすらテレビを見てコラムを書くという、いかにも不健康な日々。筆者の担当でもあった『噂の真相』の編集者によると「本当の締め切り」ギリギリまで粘って、どんなに遅れても原稿は落とさないのが彼女の流儀だった。また『宝島30』で同じ特集に参加した際、編集者は彼女の印象をこう語ったものだ。

「自宅で打ち合わせをしたんですけど、ほとんど動かなくて、座布団と一体化してるみたいでしたよ」

デーブ・スペクターと論戦になったとき、体型をしつこくいじられたことに対して、

「私も昨日や今日急に太ったワケでもないし」

と言い返した彼女。それは不健康も辞さずに、創作優先の生活をしてきたことへの矜持のあらわれでもあったのだろう。

その生き方は同じ青森出身で、やはり6月に亡くなった太宰治にも通じるものだ（太宰が入った学校に彼女は落ちた）。毒を含んだ怒りをしゃべるように文章化して、共感を集めたところも似ている。ともに40歳を前に世を去ったが、ああいう作風を維持するのはそれくらいの年齢が限界なのかもしれない。

ナンシー亡きあと、何か面白いスキャンダルがテレビで流れるたび、彼女ならどう書くだろうと思ったりした。そういう人は世の中に少なくないだろう。しかし、そう思わせる書き手は彼女くらいである。

サブカルとメンヘラと自殺のトライアングル

●青山正明（13年・40歳）●ねこぢる（10年・31歳）●山田花子（4年・24歳）

ナンシー関の項で触れた『宝島30』の特集。それは平成6年9月号で組まれた「ロリータの時代」というものだ。彼女と僕は1本ずつ寄稿したが、その特集をメインで仕切ったのが青山正明である。こちらも「サブカル」ブーム、とりわけ「鬼畜系」と呼ばれたムーブメントを語るうえで、外せない鬼才だ。

しかし、青山はナンシーの死の1年前、首吊り自殺で世を去った。享年40。それを知らされたのは、友人との電話だった。別件で電話をかけたのだが、

「青山さん、亡くなったね」

と言われ、事実関係を把握した。何年も会っていなかったので驚きはしたが、自殺という最期についてはわりと自然なことに思えたものだ。というのも、彼は慶應大学在学中に作ったミニコミ誌『突然変異』に始まり、自ら実践した結果をまとめた『危ない薬』そして、鬼畜系ブームをもたらした『危ない1号』にいたるまで、ドラッグを中心とする世間的にきわどいジャンルの専門家であり続けた。死との親和性が低いわけがない。

彼の共同制作者だった吉永嘉明の『自殺されちゃった僕』によれば『完全自殺マニュアル』を

書いた鶴見済も執筆前、青山から「自殺についてかなりのレクチャーを受けているはずだ」という。また、平成9年に起きた神戸連続児童殺傷事件の酒鬼薔薇聖斗は『危ない1号』の愛読者だったし、青山とともに鬼畜系ブームを担った村崎百郎は平成22年、読者を名乗る男に全身をメッタ刺しにされ、亡くなった。最期のかたちは違っても、彼が死神を呼び込みやすいところで生きていたことは間違いない。

とはいえ、自分のなかに残る青山のイメージはちょっと違う。彼は本名の「大塚雅美」で、過激ではない編集仕事も数多くこなしており、じつに仕事のしやすい編集者だった。「芸能モノなら宝泉さん」という信頼感を持ってくれていたようで、その物腰のやわらかさや進行のソツのなさにこちらも敬意を抱いていたものだ。

最後に会ったのは、平成4年だろうか。版元の事情でお蔵入りになってしまったが、さまざまな趣味に生きる人々の姿と世界観をまとめた本を書くことになり、こちらから取材を申し込んだ。ドラッグから社会奉仕まで、多種多様な快楽について聞いたなかで「幼女と妊婦に惹かれる」という話が印象に残っている。彼は極度のマザコンだったようなので、妊婦に関してはそこが関係しているのかもしれない。

一方「人間のいろいろな感情のルーツについて調べている」というから「司馬遼太郎がちょくちょくそういう話を書いてますね」という話をした。「何て本ですか」ときかれ「1冊の本にまとめられてるわけではないんです」と答えたところ、ひどく残念そうにしていたのを覚えている。その性急な感じが気になったものの、彼が自分の人生の短さを予感していたかどうかはわからない。
その後、彼が離婚した際、理由についてのこんな噂を耳にした。「奥さんには、自分が『青山正明』だということを隠していたが、それがバレてしまったから」という内容で、真偽のほどは不明だ。ただ、彼は創作活動のピークともいえる平成7年に、大麻取締法違反で逮捕されてしまう。これがかなりの精神的ダメージになったようで、ドラッグについて書くこともやめると宣言。引きこもりがちになり、二度目の結婚も離婚で終わって、創作意欲は衰えていった。どっちがいい悪いではなく、同じようにクスリによる逮捕歴のある鶴見や石丸元章らとは違う精神性の持ち主だったのだろう。

そのひとつが「心配性」である。前出の吉永はそこに、むしろ強まっていったクスリへの依存を重ね合わせ、彼の自殺をこう結論づけた。

（上）タイトルロゴの下には「日本全国のゲス野郎に捧ぐ」とある『危ない1号』。（下）死から10年後に編まれたねこぢるの二巻全集の上巻。今は電子版もある。

「総合すると『心配事製造工場』たる青山さんは、種々の悩みをかかえ、その上でヘロインと覚醒剤のリバウンドとドラッグ購入のための借金苦が重なり、どうにもたまらなくなって死んだのではないだろうか」

なお『自殺されちゃった僕』は、吉永が身近な人の自殺をいくつも経験して書いた本だ。そのなかには、ねこぢるの話も出てくる。平成10年に、31歳で亡くなった女流漫画家だ。

ミュージシャンのｈｉｄｅが亡くなった8日後、同じような死に方をしたことから「後追いでは」ともいわれたが、特に彼のファンというわけではなかったようだ。友人だった吉永はこう書いている。

「結局、死にたい人だったから死んじゃった。そう思うしかない」

また「あれだけ純粋でイノセントだと、この世では、生きづらかったのかもしれない」とも。

可愛らしさと残酷さとが交錯する彼女の作風は、彼女自身の投影でもあり、そこにはファンタジー願望と破滅もしくは破壊衝動が同居していた。夫であり、共同制作者でもあった漫画家の山野一は「子供大王」と呼んでいたという。嘘がつけないから、平気で人を傷つけるし、自分も傷つく。それゆえ、彼女は鬱病にもなり、自殺未遂も繰り返していた。

そんな彼女がブレイクしてしまうのである。『ねこぢるうどん』などの作品が「危なかわいい」ともてはやされ、東京電力の広告キャラまで描いた。頑健な人でもこたえるという人気漫画家の超多忙状態に、そのメンタルが堪えられるはずがない。疲弊してパニックになり、夫の山野にカッターで切りつけるようなことまでしたあげく、自らを葬った。

彼女は当時『テレビブロス』にも連載していて、最期の作品は深夜にやたらと流れるCM（西田ひかるのハウス・ピュアインゼリー）への辟易を示すものだった。自分も苦手なCMだったが、商業的なポジティブの押しつけはこういう人には特につらかっただろう。

「他人とうまく付き合えない。すべてがひたすらしんどい、無気力、脱力感」
——山田花子

その6年前の5月には、山田花子が自殺した。マンガだけでは生活できず、バイトをしても対人恐怖症でうまくいかず、統合失調症と診断されて2ヶ月半入院。退院した翌日、自宅近くの団地の11階から飛び降り、人生を24年で終わらせたのである。

『完全自殺マニュアル』には、彼女がいじめられながら生きてきたことや、最後にたどりついた絶望を示す日記の一節が紹介されている。

「他人とうまく付き合えない。暗いから友達ひとりもできない。（略）もう何もヤル気がない。すべてがひたすらしんどい、無気力、脱力感」

そんな生き地獄から抜け出すには、死ぬよりほかなかったのだろう。

ねこぢるや山田花子が活躍した雑誌に『ガロ』がある。昭和39年の創刊以来、マイナーな作家やマイナーな作品の拠りどころとなってきて、それゆえ「サブカル」ブームとも相性がよかった。そして、青山が主戦場とした世界もそこに隣接していたといえる。彼らが「マイナー」であり「サブ」だったのは、その関心や表現が反・良識的だったことも大きく、そのため病みやすくもあった。そのありようは、平成後半に定着した「メンヘラ」という言葉で表現することも可能だろう。

ただ、そこが彼らの魅力であり、若くして自殺するしかなかったゆえんでもある。つまり、サブカルとメンヘラ、自殺というものがトライアングルのようにつながっている印象だ。そこに「魔の」という言葉をつけるつもりはない。そういうトライアングルもあっていいし、それもありだと考えることで彼らのような人たちも多少は生きやすくなるのではと思うからだ。

平成の終わりに示された死生観

●さくらももこ（53歳）●桂歌丸（81歳）●樹木希林（75歳）●大杉漣（66歳）●大野誠（51歳）●有賀さつき（52歳）●津川雅彦（78歳）●西部邁（78歳）※すべて30年

平成の幕切れまであと8ヶ月半となった頃、さくらももこが亡くなった。53歳、乳ガンでの死だ。

彼女が生み出した『ちびまる子ちゃん』は平成2年にアニメ化され、自ら作詞を手がけたエンディング曲『おどるポンポコリン』（B．Bクイーンズ）は日本レコード大賞に輝いた。その後、数年間の休止期間はあるものの、現在も放送中で、元号が替わっても続くことだろう。

ただ「平成のサザエさん」とも呼ばれるアニメの原作者の死は、ひとつの時代の終わりも感じさせた。そもそも、作品の舞台も『りぼん』での連載開始も昭和だったりする。このマンガは彼女が幼少期をすごした高度経済成長期の日常風景を、平成では当たり前のものになる批評的感性で描いたところに味があった。そういう意味では、ナンシー関のテレビ評論などとも通じるものだ。

また、ある年代以上の人にはわかってもらえそうだが、平成は昭和の、特に「戦後昭和」の子供みたいなところがある。巨大でエネルギッシュな親に対し、やや小ぶりで醒めた子供といった感じだ。日曜夕方のテレビという視点で眺めてみても昭和以来の大物である『笑点』と『サザエさん』に挟まれ、平成らしさを押しつけがましくなく体現しているのが何かいじらしい。

『りぼん』平成30年11月号ふろく「追悼小冊子」。連載スタートと最後の回が収録されている。クリスマスには『ちびまる子ちゃん』最終巻が刊行された。

とまあ、分析はこれくらいにして、彼女を偲ぶ「ありがとうの会」には多くの著名人が駆けつけた。特にアニメで主人公の声を担当したTARAKOの話が印象に残る。さくら自身の声や話し方に似ていたおかげで抜擢されたこの人は、

「私『まる子』で売れるまで、結構つらい生活をしてたんです。ずっとバイトしてたし、声優デビューしてもバイトしてたし、貧乏はお得意だったんですけど……ももこちゃんの声と似てて幸せでした」

と、恩人に感謝した。

「生きていると、細かくちょこちょこ楽しい事や面白い事があります」

——さくらももこ

なお、彼女の闘病期間は10年前後と想像されるが、それ以前から、健康には気を遣う人だった。平成17年のエッセイ集『ももこの21世紀日記〈N'04〉』には「私は毎日、野菜サラダをけっこう多い量食べている」とあり、そのドレッシングやきなこドリンクを手作りする話が出てくる。ただ、こういう人にありがちなことで、乳ガンの手術後、抗ガン剤は避け、備長炭や波動などの代替医療を試したようだ。

そして、闘病中にはつらい別れも訪れた。亡くなる2年前、アニメで主人公の姉を演じた声優・水谷優子が乳ガンで死去（享年51）。3ヶ月前には、西城秀樹が急性心不全で他界してしまう（享

年63)。さくらが子供時代、大ファンだったことから作品にも登場し、彼女が作詞したアニメのエンディング曲『走れ正直者』を歌ったりした。

それでも彼女は、前出のエッセイ集のあとがきにこんな言葉を残している。

「死は、誰にでもいつか訪れます。でも、死ぬまでの間は生きています。生きている間は生きている事を満喫しようじゃありませんか。生きていると、細かくちょこちょこ楽しい事や面白い事があります」

そんな精神を実践してみせた人が前月、鬼籍に入った。桂歌丸だ。もともと頑健な体質ではなかったが、平成21年に肺気腫を患ってからは病魔と闘いながらの噺家活動となる。最後は酸素チューブまでつけて高座にあがり、その81年の生涯を生き抜いたのだ。

その晩年は、新たな地平も切り拓いた。病気や入院、不健康な痩身といった負の要素を笑いに変え、お茶の間に持ち込んだことだ。高齢化が進めば、当然、不健康な老人も増える。そういう世の中にあって、歌丸の姿はヒントや希望にもなったのではないか。いわば、病を笑い飛ばす精神。そんな名人に対し、仲間たちはその死を笑い飛ばすことで報いた。

訃報から6日後に放送された『笑点』は前半が歌丸を偲ぶトークで、後半が彼をネタにした大喜利。トークでは全員、黒の和服姿だったが、湿っぽくなることはなかった。盟友の三遊亭圓楽はこんなエピソードを。

「旭川のスナックでね、トイレ行って出てこないのよ。どうしたんだろうなって思ったら、トイレットペーパー(で顔を)全部巻いてきてね。『ミイラ』って」

これをうけて林家木久扇が「うまいうまいうまいうまい」と手を叩けば、春風亭昇太が「しかも、酔っぱらってないってことでしょ。お酒飲まないから」と感心。故人へのリスペクトが伝わる送り方だった。

芸人では、左とん平（享年80）亡きあと、葬儀会社のCMを加藤茶が受け継いだのも印象的だ。私生活でも親しかった先輩を偲ぶかのような迫真の演出が、見る者をしみじみとさせる。

「冗談じゃなく全身ガンなので、来年の仕事、約束できないんですよ」
——樹木希林

歌丸が病で衰えてもなお落語を続けたように、芝居をやめなかったのが樹木希林だ。平成25年、日本アカデミー賞の授賞式で、

「冗談じゃなく全身ガンなので、来年の仕事、約束できないんですよ」

と語り、衝撃を与えた。その9年前に乳ガンの診断を受け、それが腸や脊髄にも転移していたという。しかし、彼女はそこから5年半生きて、人一倍の仕事をこなした。『万引き家族』をはじめとする、いくつもの映画に出演。これが遺作になるかもしれないという、本人及びスタッフの思いによってそれらは充実度を増した。さらにドラマやCMのほか、亡くなる4ヶ月前には『直撃！シンソウ坂上』の西城秀樹追悼回でナレーションを務め、前年6月からNHKの長期密着取材にも応じていた。

その密着は、死の11日後に『〝樹木希林〟を生きる』として放送されたが、かなり不思議なドキュメントだった。なるべく赤裸々に撮りたいということなのか、制作側の意図が見えづらく、彼女が苛立つ場面も。仕上がりに不安を感じた彼女は自分のＰＥＴ（陽電子放射断層撮影）検査の画像を使うよう、サービスしたりもする。ネット上ではディレクターへの批判も出た。とはいえ、結果として、ガンに苦しみながらも作品に情熱を燃やす75歳の老女優の業や底力といったものはしっかりと刻印されていたように思う。こうして彼女もまた「ギリギリまで働く幸せ」を極めたのだった。

脇役中心の個性派俳優としてピークのさなかだった大杉漣も、おそらくそうだろう。主役のひ

さくらももこにも樹木希林にも縁の深かったヒデキ。同じ年に亡くなったのも偶然ではないように思われる。

とりを務めていた『バイプレイヤーズ～もしも名脇役がテレ東朝ドラで無人島生活したら～』のロケ後、共演者たちと食事をとり、ホテルの部屋に戻ったあと、急性心不全で亡くなった。

収録済みだった番組はテロップつきで放送され、なかでも『アナザースカイ』はしみじみとする内容だった。自分のこれまでと今の年齢に思いを馳せ「死にたくないとも思わないし、と言って死にたいとも思わない。死ぬっていうことがわかってるってだけであって、死ぬまでの間に俳優としてどれだけできるかっていうことはわからない」としたうえで、「申し訳ないけど、もうちょっと生きたいなって思ってます。っていうか、僕はもうちょっとやりたいこともあるので、66歳でも希望がいっぱいありますよ」

と、明るく語っていたのだ。それでいて糟糠の妻について「私の子供をふたりも産んでくださって」と感謝を示すなど、死の予感もどことなく漂っていた。「300の顔を持つ男」といわれた名脇役の死に顔は無念がにじんでいたのか、それとも……。

スポーツ界では、国民栄誉賞受賞者でもある野球の衣笠祥雄が4日前まで解説をこなし、71歳で旅立った。結腸ガンによる衰えは隠せなかったが、引退後も「鉄人」ぶりを貫いたかたちだ。

政界では、沖縄県知事の翁長雄志が在職中に膵臓ガンで死去（享年67）。ただ、基地問題をめぐり、命尽きるまで国と闘った姿勢をめぐっては、支持もあれば批判もあった。住民を守る立場の首長として、瀕死になる前に辞めるべきだったのではというわけだ。政治家の進退の難しさや、沖縄の地政学的不幸というものも再認識させた。

50年にも満たない生涯を終えた人たちもいる。総合格闘家の山本〝ＫＩＤ〟徳郁は胃ガンからの多臓器不全で（享年41）ＥＴ－ＫＩＮＧのリーダー・いときんは肺腺ガンからのガン性心膜炎で（享年38）ともに帰らぬ人に。ＥＸＩＬＥの弟分・ＦＡＮＴＡＳＴＩＣＳの中尾翔太にいたっては、胃ガンがわかって半年余りでの儚い死だった（享年22）。

「ニートのアルピニスト」こと栗城史多は、エベレスト挑戦中に滑落死（享年35）。登山のライブ中継などで人気を博したが、その代償として手の指を9本、凍傷で失っていた。にもかかわらず、世界最高峰に登ろうとしたのはさすがに無謀すぎたという声も聞かれた。

ふたつの意味で象徴的だったのが、大野誠の死だ（享年51）。名前だけではピンと来ないかもしれないが、北島三郎の息子である。この項の初めのほうに書いたように、平成は戦後昭和の子供みたいなところがあり、昭和に成功した大物のかげで、葛藤する二世という構図がまま見られた。大野もロックバンドのボーカルでデビューしたものの、パッとせず、裏方に回ることに。ただ、その代表作は多くの人が知っているはずだ。北島が歌ったアニメ『おじゃる丸』の主題歌『詠人』である。

また、彼は孤独死でもあった。ひとり暮らしの自宅で心不全を起こし、死後8日たって発見された。二世の孤独死というところに象徴的なものを感じただけに、年末のレコ大や紅白で彼のペンネーム「大地土子」の名前を見つけたときは感慨深かったものだ。遺作（編曲の前に亡くなったという）となった『ブラザー』を北島の愛弟子ふたりが歌い、息子に先立たれた父はこう語った。

「頑張って作ってくれた息子が最後に作った歌だから、きっと遠い空の上で聴いてるから（略）

なんか聴いてもうこっちが胸が熱くなります」

かと思えば、娘に先立たれた人も。有賀さつき（享年52）の父は平成31年1月、彼女の一周忌を迎えるにあたって『週刊女性』の取材に応じた。公表されていなかった死因について、「実は、卵巣がんだったんです。さつき本人が知られたくないということで、私も隠していました。（略）亡くなる3年前に手術を受けました」

と明かし「結果的に、私がさつきを殺したんです……」という言葉も口にした。自らの海外（ニューヨーク）赴任によって娘が帰国子女としてもてはやされ、それが女子アナからタレントへという道筋につながったこと、そのストレス過剰な生活のせいで彼女が寿命を縮めてしまったのではと後悔しているようだ。

ただ、そんな華やかな世界を選んだ彼女は晩年、病気によるやつれをダイエットだとごまかし、最後の入院では父にも病状の深刻さを伝えることなく、ひとりでひっそり消えていった。そのギャップが印象的である。

「先に死んでくれたことも含めて感謝だらけです」——津川雅彦

妻に先立たれたのは、津川雅彦だ。が、82歳で亡くなった朝丘雪路の葬儀の翌日、「先に死んでくれたことも含めて感謝だらけです」

と、ホッとした表情を見せた。朝丘が重度のアルツハイマー病（死因もこれだった）で、自分のあとに残していくのはしのびなかったのだ。さらに、ひとり娘の結婚も認めた。相手が無名に近い役者だったため、長年反対していたのだが、自分亡きあとを考え、ついにあとを託したという。こうして津川は、妻の死から約百日後、心不全であとを追うことになる（享年78）。「お別れの会」は夫婦合同のかたちで営まれ、死後もおしどりぶりを示した。

思えば、津川の兄・長門裕之も妻・南田洋子が認知症になり、老老介護の晩年をすごした。平成21年に南田はくも膜下出血で亡くなり（享年76）1年7ヶ月後、長門も肺炎で亡くなった（享年77）。このふた組、4人の死は平成の「老い」と「夫婦」という問題を浮き彫りしたといえる。

そんな問題を30年近く描いてきたドラマが『渡る世間は鬼ばかり』である。平成2年に始まり、今なお年1回のスペシャルが放送されている。その要のひとりだった赤木春恵が、平成30年の11月に心不全で世を去った（享年94）。もうひとりの要だった山岡久乃は平成11年に胆管ガンで他界している（享年72）。山岡が降板する際には、病気を公表していなかったため、脚本家の橋田壽賀子が不信感を抱き、軋轢が生じることに。その後、誤解は消えたものの、舞台ウラでの泥沼劇が話題になった。

このドラマはキャストに高齢者が多く、途中で亡くなった役者もいて「死」を考えるうえでも興味深かった。いずれきちんと語りたいものだ。

昭和以前からの大家族主義の揺らぎに立脚した、こうしたドラマにまつわる死が気になる一方で、平成も末になってから生まれた新たな職業に関連した訃報に驚かされたのが、平成31年の元日である。4人組ユーチューバー「アバンティーズ」のひとり、エイジが休暇先のサイパン島で高波に襲われ、亡くなった。22歳での夭折だ。

それまでは、ユーチューバーが子供たちの憧れの職業だといわれても、どこか別世界の話に思えたが、この人の死後、そのツイッターのリプ欄などを見ると、その人気や影響力を実感させられた。元号が替わる年の初めの日だったのも、何か運命的な気がする。

「死に方ぐらい自分で選ぶ」——西部邁

とまあ、平成の終わりには考えさせられる死が多かった。なかでも、最後に触れておきたいのが西部邁の自殺だ。保守派の評論家として活躍したが、平成30年1月、78歳で入水。それを手伝った弟子が自殺幇助で逮捕された。

年末に放送された『事件の涙』では、これを検証。妻の病死による喪失感と無残な最期を目の当たりにした衝撃や、彼自身、脳の萎縮が若干始まっていたことへの絶望感などが、死に向かわせた理由として紹介された。

自殺幇助に関しては、西部が家族に「迷惑かけたくなかった」と言いながら、家族以外に手伝いを頼んだことについて「父は間違えたと思ってますけどね」と、娘。一方、息子は自殺幇助をしたひとりに会い「最期までそばにいてくれてありがとう」と伝えた。「そばにいてもらいたかったんじゃないのかな、誰かに」という思いからだ。おそらく娘にも、そばにいたかった気持ちが強く残っているのだろう。

そして何より、西部自身のこんな言葉に考えさせられた。

「人間、生きてりゃいいってもんじゃないし、自分がこれ以上生きていたら、社会になんの貢献もできない。（略）死に方ぐらい自分で選ぶ」

亡くなる4ヶ月前の講演で発したものだ。死をめぐるこうした葛藤は次の世にも持ち越され、より差し迫ったテーマになっていくのではないか。もし長生きして次の世の終わりにも遭遇できたら、自殺や安楽死なども含めた死生観がどう変わっているか、見届けたいものである。

昭和の末に始まった『朝まで生テレビ』には、平成15年まで出演。自殺幇助をめぐっては減刑運動も起きるなど、死んでなお独特の存在感を放った。

あとがき、そして予告——生死の言葉と交歓と

こうして300頁以上にもわたり、数々さまざまの「平成の死」を見てきたが、まだまだ到底語り尽くすにはいたらない。それだけ死というものは深いのだろう。誰の身の上にも平等に訪れ、避けることのできない死、それを知るための旅はおそらく死ぬまで続く。そのときになっても、わからないのかもしれないが、死について考えることも生きる意味のひとつには違いない。それはきっと、よりよい生にもつながるのではないか。

また、ここまで読み続けてきたあなたはますます、死に関心を持ったことだろう。この本がよりよい生への手助けになれば、幸いだ。

そして、ここまで読んだあと、触れられていない「平成の死」が気になった人も少なくないのでは……。たとえば、森光子や高倉健のような大物に、やしきたかじん、野村沙知代、宮沢光子（りえママ）といった話題をふりまいた時の人、志なかばで亡くなった声優やアスリートなどもいる。印象としてもひけをとらないそんな死をとりあげなかった理由はもっぱら、分量的な問題でしかない。

じつは書き進めるうち、当初の構想どおりにやるとさらに分厚い本になってしまう展開が見え

てきた。そこで、もう1冊作ろうかという話になり、現在も執筆中だ。もちろん、ただの続編にするつもりはない。この本を書くうえで気づいたことを活かす内容になる予定だ。

それは死において、言葉と交流の持つ意味の重要さである。逝く人が遺す言葉、送る人が捧げる言葉、そして両者の触れ合う光景。そこには生と死によって隔てられてもなお、対話し、つながろうとする人間ならではの儚い願望がある。死者と生者とが互いを思いやる魂の交流は、哀しくはあってもどこか愉しい「交歓」でもあるのだ。そういうものをぜひ浮き彫りにして、届けられたらと考えている。

というわけで、そちらの本でもまたお会いできればじつにうれしいことだ。人の命の不確かさを知れば知るほど、縁ある人とこの世で元気に再会できることはこのうえない幸せなのだから。

平成が終わり、令和が始まっても、人が生き、人が死ぬという現実は変わらない。これからも人は、生と死にとらわれていくのだろう。そんな永遠のテーマについての本を時代の節目に出せるのは、物書きとしてやりがいのあることである。

主な参考資料

『別冊宝島2039号 スーパースター怪死事件簿』（宝島社）
『週刊文春 シリーズ昭和』①②④⑤⑥（文藝春秋）
『週刊文春 黄金の昭和 今だから話せる48』（文藝春秋）
『文藝春秋』平成二十年二月号（文藝春秋）
『倒錯 幼女連続殺人事件と妄想の時代』伊丹十三・岸田秀・福島章（NESCO）
『自殺者 現代日本の118人』若一光司（幻冬舎アウトロー文庫）
『私たちが流した涙 記憶に残る最期』斉藤弘子（ぶんか社文庫）
※ほか、その人物や事件に関する書籍、雑誌やインターネットの記事、テレビ番組など多くの資料を参考にさせていただいた。

写真提供　アフロ、朝日新聞フォトアーカイブ、共同通信イメージズ

宝泉 薫　ほうせん・かおる
一九六四年生まれ。主に芸能・音楽、ダイエット・メンタルヘルスについて執筆。
一九九五年に『ドキュメント摂食障害――明日の私を見つめて』（時事通信社・加藤秀樹名義）を出版。
二〇〇七年からSNSでの執筆も開始し、現在、
ブログ『痩せ姫の光と影』（https://ameblo.jp/fuji507/）などを更新中。
二〇一六年に『痩せ姫　生きづらさの果てに』（ＫＫベストセラーズ）を出版し、話題となる。
近刊は『平成「一発屋」見聞録』（言視舎）がある。

平成《へいせい》の死《し》

追悼《ついとう》は生《い》きる糧《かて》

二〇一九年五月五日　初版第一刷発行

著者　宝泉《ほうせん》 薫《かおる》

発行者　塚原浩和

発行所　ＫＫベストセラーズ
〒一七一-〇〇二一　東京都豊島区南大塚五-二六-一七　陸王西池袋ビル四階
電話〇三-五九二六-六二六二（編集）
〇三-五九二六-五三二二（営業）

印刷所　近代美術

製本所　フォーネット社

ＤＴＰ　オノ・エーワン

ブックデザイン　鈴木成一デザイン室

 ISBN978-4-584-13915-8 C0095